# 면접!
## 이렇게만
## 준비해라

# 면접!
## 이렇게만
## 준비해라

박재훈 지음

이담
Books

## 시작하며

"면접 질문에 어떻게 답변해야 할까요?"
"답변에 대한 예시를 들어주세요."
"답변을 하고도 확신이 없어요."
"왜 이런 질문을 하는지 모르겠어요."

강의를 하다보면 학생들에게 이런 질문을 많이 받습니다.
중요하지만 준비하기 어려운 면접, 어떻게 준비할지 막막하
기만 합니다. 필자는 이렇게 면접에 어려움을 느끼시는 분
들에게 도움이 되고자 이 책을 쓰게 되었습니다.

책의 내용은 필자가 직접 해보았거나 학생들과 지원자들을
지도하면서 해보았던 방법 중에 효과가 좋았던 것으로 수록
하였습니다(서류전형과 면접에 공통으로 적용되는 중요한
내용도 일부 포함하고 있습니다).

'면접! 이렇게만 준비해라'에는 면접과 직장생활을, 필자의 다른 책 '취업! 이렇게만 준비해라'에는 대학생활과 서류전형을 담았습니다.

이 책에 있는 다양한 방법과 사례를 활용해서 취업에 꼭 성공하시길 바랍니다.

# content

04
Level

# 면접 마인드

# 면접에 대한 이해

# 1

## 따라 하다보면 취업이 되어 있는
## 면접 체크리스트 120 ☑

지원자들이 면접에서 자주 하는 실수(연습하지 않으면 고치기 힘든 실수)를 모아봤다. 사소하지만 감점 요인이 되는 항목들도 있으니 전부 ☑가 될 수 있도록 체크하면서 트레이닝해보자.

면접에서 정말 치명적인 것과 지원자들이 자주 실수하는 것에는 ♛ 표시를 해두었다. 모든 항목에 체크하기 어렵다면 중요 항목을 먼저 해보자.

### ☑ 시각적인 요소(시선처리, 표정, 자세, 복장, 태도, 제스처)

♛ 눈빛에 힘이 있고 눈동자의 움직임이 안정적이다. ☐
♛ 생각, 답변을 하면서도 밝고 여유 있는 표정을 유지한다. ☐
♛ 면접 동영상을 음소거 모니터링해도 지루하지 않다. ☐
♛ 자세가 굽지 않고 긴장한 듯 보이지 않는다. ☐
▸ 면접관의 시선을 피하지 않는다. ☐
▸ 여러 명의 면접관을 골고루 본다. ☐
▸ 답변하면서 계속 눈이 다른 데로 향하지 않는다. ☐
▸ 면접관의 서류를 들여다보지 않는다. ☐
▸ 고개를 너무 자주, 세게 끄덕이지 않는다. ☐

▸ 불필요하게 혀를 내밀지 않는다. ☐

▸ 분위기와 타이밍에 맞게 웃는다. ☐
▸ 면접 시작 전에 손으로 입꼬리를 올려서 웃는다. ☐
▸ 무표정, 딱딱한 표정을 짓지 않는다. ☐
▸ 손을 꼼지락거리지 않는다. ☐
▸ 제스처가 적절하고 과하지 않다. ☐
▸ 내용에 적합하게, 자연스럽게 제스처가 나온다. ☐
▸ 서로 어색하거나 불편한 분위기가 없다. ☐
▸ 면접 동안 같은 자세를 유지할 수 있다. ☐
▸ 다른 지원자가 답변하는 동안 딴짓을 하지 않는다. ☐
▸ 자세나 어깨가 한쪽으로 틀어지거나 치우치지 않는다. ☐

▸ 다리를 떨거나 꼬거나 움직이지 않는다. ☐
▸ 사이즈가 맞고 상황에 맞는 옷을 입는다. ☐
▸ 넥타이가 불균형하거나 모양이 이상하지 않다. ☐
▸ 신발이 더럽지 않고 끈이 정리되어 있다. ☐

☑ **청각적인 요소**(말의 속도, 크기, 억양, 발음, 말투, 톤 등)

♛ 문장과 문장 사이를 쉬어준다. ☐
♛ 말끝을 올리지 않는다. ☐
♛ 너무 큰 목소리로 말하지 않는다. ☐
♛ 멀리 있는 면접관도 들을 수 있게 말한다. ☐
♛ 아!, 음~ 같은 감탄사를 넣지 않는다. ☐
♛ 말의 속도가 너무 느리거나 빠르지 않다. ☐
♛ 면접에서 일상적인 속도보다 빠르게 말할 수 있다. ☐

♕ 말끝을 너무 길게 하지 않는다. ☐

♕ 사례를 너무 장황하고 지루하게 설명하지 않는다. ☐

♕ 말끝을 흐리지 않는다. ☐

▸ 신발이나 도구를 가지고 소리를 내지 않는다. ☐

▸ 발음을 정확하게 하여 면접관에게 전달한다. ☐

▸ 갑자기 큰 소리를 내지 않는다. ☐

▸ 한숨을 쉬지 않고 소리 내어 숨 쉬지 않는다. ☐

▸ 남의 답변시간에 소리를 내거나 주의를 끌지 않는다. ☐

▸ 단어와 단어의 연결이 매끄럽게 이어진다. ☐

▸ 평소에 말하는 것처럼 자연스럽게 말한다. ☐

☑ 답변

♕ 비슷한 문장이나 단어를 반복하지 않는다. ☐

♕ 유리한 주제로 면접을 이끌어갈 수 있다. ☐

♕ 어~, 그~ 등 불필요한 말을 하지 않는다. ☐

♕ 질문이 끝나고 5초를 넘기기 전에 대답을 시작한다. ☐

♕ 답변을 끝낼 때 계속 이어지는 느낌을 주지 않는다. ☐

♕ 말을 하면서 이미 답변한 내용을 생각하지 않는다. ☐

♕ 면접관의 질문이 빠르게 이해된다. ☐

♕ 답변이 어려울 때 인상을 쓰거나 시선을 회피하지 않는다. ☐

♕ 답변을 하면서 무슨 말을 해야 할지 정리가 된다. ☐

♕ 면접의 돌발상황 대처법이 준비되어 있다. ☐

♕ 여유를 갖고 대답할 수 있다. ☐

♛ 자기소개서의 내용을 숙지하고 있다. □

♛ '네네네'처럼 급하게 여러 번 답을 하지 않는다. □

♛ 질문에 맞는 적절한 경험, 사례를 빨리 떠올릴 수 있다. □

♛ 이미지가 떠오르도록 구체적으로 표현한다. □

♛ '이제, 조금, 제가, 그, 뭐' 등 습관적인 말을 하지 않는다.□

♛ 추가 질문을 받았을 때는 적극적으로 답변한다. □

♛ 단답으로만 답변하지 않는다. □

♛ 질문에 대한 답을 빠뜨리지 않고 답한다. □

♛ 중간에 답변이 3초 이상 끊어지지 않는다. □


♛ 외운 티가 나는 부자연스러운 답변을 하지 않는다. □

♛ 짧은 시간 안에 핵심을 전할 수 있다. □

♛ 면접 연습 중간에 끊지 않고 지원자의 태도를 유지한다. □

♛ 답변을 하면서 자신감이 부족한 부분이 없었다. □

▸ 추가 질문을 받기 전부터 추가 답변까지 생각한다. □

▸ 자신감이 있다는 것을 과도하게 드러내지 않는다. □

▸ 답변 중간에 면접관에게 질문을 하지 않는다. □

▸ 답변을 면접관이 잘못 이해할까 불안하지 않다. □

▸ '~입니다체'와 '~에요체'를 너무 섞어서 말하지 않는다. □

▸ 면접관의 질문을 들으면서 답변의 방향이 정해진다. □


▸ 옆의 지원자가 실수한 것을 반복하지 않는다. □

▸ 면접관이 추가 질문할 내용을 예측할 수 있다. □

▸ 답변을 하면서 질문 받은 내용을 정확하게 기억한다. □

▸ 답변이 생각나지 않을 때 생각나지 않는다고 말한다. □

▸ 생각을 '~인 것 같습니다' 등으로 표현하지 않는다. □

▸ 답변할 때 이유까지 생각하고 대답을 한다. ☐
▸ 흐름이 끊길 만큼 짧은 문장의 연속인 답변을 하지 않는다. ☐
▸ 질문의 내용을 이해하지 못한 채 답변하지 않는다. ☐
▸ 강조할 단어나 문장 전에는 잠시 쉬었다가 말한다. ☐
▸ 감정을 담아서 답변을 한다. ☐

## 면접 대본(내용) 평가 체크리스트 ☑

♛ 면접관의 의견과 대립될 때 적절하게 대처한다. ☐
♛ 한 번에 너무 길게 대답하지 않는다. ☐
♛ 간결하고 명확하게 말할 수 있다. ☐
♛ 나의 답변으로 면접관의 질문이 해결된다. ☐
♛ 두괄식으로 답변한다. ☐
♛ 학연, 지연, 혈연 등의 신분을 밝히지 않는다. ☐
♛ 답변한 내용과 나의 행동이 일관성이 있다. ☐
▸ 주장할 때 구체적인 근거를 제시하고 가능성을 열어둔다. ☐
▸ 면접관의 압박에서 빠져나올 수 있다. ☐
▸ 사례에서 다른 사람을 적대적으로 표현하지 않는다. ☐

▸ 1분 자기소개를 자소서 내용 그대로 하지 않는다. ☐
▸ 인재상에 부합하는 답변을 한다. ☐
▸ 질문의 주제에 맞는 답변을 한다. ☐
▸ 너무 많은 장점을 말하지 않는다. ☐
▸ 중요한 내용 전까지의 전개를 빠르게 할 수 있다. ☐
▸ 어필하고 싶은 모습과 면접에서의 이미지가 일치한다. ☐
▸ 구체적으로 하고 싶은 업무를 언급한다. ☐

‣ 지원자의 입사 후 모습이 이미지화된다.　☐
‣ 나는 지원회사의 인재상과 잘 맞는 인재이다.　☐
‣ 자소서를 기반으로 예상 질문에 답을 할 수 있다.　☐
‣ 정확하게 기억나는 사례만 언급한다.　☐

## 면접 가기 전 점검해야 할 체크리스트 ☑

‣ 취업한 선배에게 취업 방법을 물어봤다.　☐
‣ 휴학하는 선배에게는 휴학하는 이유를 물어봤다.　☐
‣ 본인의 면접 준비 방법도 점검받았다.　☐
‣ 학교에 있는 진로 및 취업센터를 이용했다.　☐
‣ 학교에서 지원해주는 취업 강의, 캠프를 활용했다.　☐
‣ 선생님, 교수님과 면접을 진행했다.　☐
‣ 면접 연습을 충분히 해왔다.　☐
‣ 면접 동영상을 찍어봤다.　☐
‣ 돌발 질문, 준비하지 않은 상황에 대한 멘트를 준비했다.　☐
‣ 면접 동영상을 다른 사람에게 피드백받았다.　☐

‣ 영어면접에 대한 샘플 문장을 준비했다.　☐
‣ 희망기업의 인재상 및 회사 정보를 알고 있다.　☐
‣ 희망기업의 면접 유형을 파악하고 준비했다.　☐
‣ 제출한 자소서와 이력서의 내용을 다시 파악했다.　☐
‣ 자소서에 기반한 예상 질문에 답변 준비가 되어 있다.　☐
‣ 면접 질문에 대한 답변의 키워드를 준비했다.　☐
‣ 저자의 책 '취업! 이렇게만 준비해라'를 읽었다.　☐
‣ 저자의 책 '면접! 이렇게만 준비해라'를 읽었다.　☐

## 2

# 면접은 왜 중요할까?

신입사원 채용 과정에서 서류전형과 인적성을 보는 목적은
지원자의 자격 조건을 확인하는 것이고 지식과 인성, 적성
을 대학교, 전공, 성적에 관계없이 공평하게 평가하기 위함
이다. 인기가 많은 기업의 경쟁률은 100 대 1이 넘는다. 지
원자가 너무 많아서 전부 면접을 볼 수도 없고, 우열을 가리
기도 매우 힘들기 때문에 인적성 검사를 해서 면접 볼 인원
을 추려내는 것이다.

면접을 보는 목적은 직접 만나서 대화도 나눠보고 인성, 업
무능력 및 태도를 짧은 시간에 파악 할수 있기 때문에 신입
사원 채용 과정에서는 반드시 거쳐야 하는 중요한 시험이다.

그리고 학벌, 성적 등의 부수적인 것들은 더 이상 문제가 되
지 않는다. 직접 만나보고 모든 면을 판단하기 때문에 지원
자를 미리 이해하기 위해서 참고했던 자료들은 더 이상 큰
의미가 없다.

면접을 중요시하는 이유는 사무실에서의 생활이 면접 과정
과 흡사하기 때문이다.

상급자에게 보고할 때 내용을 잘 이해하고 대답하는 것은 회사생활에서 꼭 필요한 것이기 때문에 면접을 보는 것이다. 물론 지식도 필요하지만 정말 중요한 부분은 자신의 생각과 의견을 상호작용하는 것이다.

# 3

## 면접은 왜 이렇게 어려울까?

면접은 말 그대로 얼굴을 마주 보며 대화를 하고 지원자를 알아보는 시간이다. 일반 대화와 다르게 면접을 굉장히 부담스러워하는 사람들이 있다. 그 이유를 알아야 개선할 수 있는 것이다.

### 면접을 부담스러워하는 이유

(1) 면접은 인생에서 가장 중요한 것 중의 하나인 취업의 당락이 결정 되는 시간이다. 그만큼 중요한 일이기 때문에 부담이 크다.

(2) 5~10분가량의 짧은 시간 동안에 일방적으로 평가를 받고 능동적으로 나를 드러내야 한다.

(3) 여러 면접관들과 여러 경쟁자들 앞에서 자신을 어필해야 한다.

(4) 모르는 질문을 받을 수도 있고, 대답을 잘해야 한다.

(5) 면접관은 어르신들이고 지원자와 면접관이 서로 이해하지 못할 수도 있다.

(6) 면접을 준비해본 적도 없고 어떻게 해야 하는지 배운 적도 없다. 그래서 막막하다.

이러한 이유들 때문에 면접은 생각만 해도 부담스럽다. 그리고 주변에서 들었던 말들이 지원자를 더욱 움츠러들게 만든다.

그러나 절대 그렇게 생각하지 말자. 기업에 필요한 유능한 인재를 뽑기 위한 노력으로 갈수록 면접이 어려워지고 부담스러울 수도 있지만 면접은 지원자를 채용하기 위해 많은 면접관들이 바쁜 업무도 제치고 오는 곳이다. 그렇기 때문에 준비가 잘 되어있다면 오히려 재미도 있고 많이 배울 수 있는 선후배 간의 만남의 장이 될 수 있다.

또 면접을 통해서 나를 돌아보고 한층 더 업그레이드될 수도 있다. 면접을 준비하기 위한 과정 속에서 많은 생각을 하고 새로운 경험을 하고 나의 인생을 돌아보는 것은 정말 값진 것이다.

자소서와 이력서를 작성할 때 단순히 나를 남들에게 드러내는 것이 아니라 스스로 어떤 사람인지를 알게 된다는 것은 큰 의미가 있는 일이기도 하다.

## 4

# 첫인상으로 호감을 얻는 법

첫인상으로 빠른 시간에 지원자를 평가할 수 있고, 첫인상으로 합격과 불합격의 60% 이상을 결정한다는 통계가 나오는 이유를 알아보자.

**(1) 감정과 분위기는 전달된다.**

우리는 스스로를 보호하려고 하기 때문에 본능적으로 다른 사람과 아무런 문제 없이 잘 어울리려고 하고 문제가 생길 것 같으면 피하게 된다. 또 좋은 분위기에서는 웃는 것이 자연스럽고 슬픈 분위기에서는 같이 슬퍼진다. 상대방의 감정과 상황이 나에게도 전달이 되기 때문이다.

상대방이 말을 작게 하면 나도 평소보다 작게 하게 되고 웃음소리를 들으면 덩달아 기분이 좋아지기도 한다. 내가 웃으면 면접관도 웃게 되어 즐겁고 긍정적인 상황이 되고 자연스럽게 생각과 평가도 긍정적으로 바뀐다.

또 상대방이 기분이나 반응이 안 좋아 보이면 부정적인 감정이 나에게 전달될까 상대에게 호의를 베풀지 않는다.

그래서 처음 면접관을 대할 때, 지원자의 표정이 굳어 있을 때보다는 웃는 표정으로 대하면 지원자를 긍정적으로 평가하게 된다.

## (2) 면접에도 깨진 유리창의 법칙이 적용된다.

슬퍼하거나 기분이 안 좋아 보이는 사람 앞에서는 나도 즐거워하거나 크게 웃기가 어렵다. 그렇듯이 긴장해서 굳어 있는 내 표정이 면접장의 분위기를 어둡게 만들 수도 있다. 웃고 있는 사람은 계속 웃을 수 있도록 유지시켜주고 싶고 슬프거나 기분이 안 좋아 있는 사람에게는 웃고 있는 사람보다 쉽게 상처를 주기가 쉽다.

이미 웃고 있는 사람에게 부정적인 말을 하는 것보다 기분이 안 좋아 있는 사람에게 안 좋은 말을 하는 것에 죄책감을 덜 느끼기 때문이다. 오히려 그 원인이 부정적인 지원자에게 있다고 생각이 된다.

내 표정도 내가 먼저 지켜야 면접관도 그 표정을 유지할 수 있도록 노력한다. 다른 면접관이 보고 있기 때문에 웃고 있는 지원자한테는 압박을 하거나 함부로 하기가 어렵다.

(3) 면접은 처음에 잘 보이면 실수를 해도 이해가 되고 처음에 안 좋은 평가를 하게 되면 좋은 모습을 보여도 뒤집기가 힘들다.

A 지원자와 B 지원자 중에 누가 더 좋아 보이는가?

A 지원자: 긍정적, 사교적, 치밀하다, 의심이 많다, 게으르다.
B 지원자: 게으르다, 의심이 많다, 치밀하다, 사교적, 긍정적.

두 사람은 같은 사람이다. 그러나 실험을 통해서 A 지원자와 B 지원자를 평가했을 때는 A 지원자처럼 긍정적인 이미지를 먼저 주었을 때 더 좋게 평가받았다.

심리학적으로 본인이 한번 선택한 것은 맞다고 합리화하는 경향이 있다. 면접관이 이미 훌륭한 인재라고 판단한 지원자는 나중에 실수를 해도 면접관의 판단이 틀렸다는 것을 인정하고 싶지 않은 것이다. 반면에 이미 훌륭한 인재가 아니라고 판단한 지원자는 나중에 답변을 잘해도 면접관의 판단이 틀렸다는 것을 인정하고 싶지 않아서 처음에 했던 판단대로 평가하기 쉽다. 그러므로 처음에 좋은 인상으로 호감을 얻어야 한다.

# 5

## 면접관의 사소한 제스처

(1) 고개를 심하게 끄덕이거나, 팔을 살짝 세우거나(들거나) 손을 갑자기 움직이는 것, 면접관이 하고 싶은 말이 있어 보이는 제스처
 - 중간에 끊으라는 뜻일 수 있다.

(2) 눈썹을 올리거나, 팔을 좌우로 살짝 벌리거나, 허리를 펴거나, 의문이 해결되지 않은 표정, 말을 더해도 된다는 느낌의 제스처
 - 다른 면접관들이 질문을 하는지 확인한 후에 한 박자 쉬었다가 추가적인 답변을 해도 좋다.

(3) 갑자기 이력서를 들여다보거나, 고개를 갸우뚱하거나, 깊은 숨을 들이쉬는 것, 인상을 쓰는 것
 - 회사의 방향, 면접관의 가치관과 안 맞는 답변일 수 있다. 그럴 때는 내가 했던 답변의 방향을 생각하고 공격적인 추가 질문이 나온다면 계속 주장하기보다는 더이상 추가질문이 나오지 않도록 대처하는 것이 안전하다.

(4) 제스처는 개인마다 다를 수 있고, 별 뜻 없이 하는 경우도 있다.

지원자나 다른 면접관의 흐름을 끊지 않고 의미를 전달하기 위해서 제스처를 쓰는 경우가 있다. 참고해야 하지만 지나치게 신경 쓸 필요는 없다.

(5) 지원자에게 부담을 주지 않고 분위기를 좋게 만들려고 노력한다.

면접관은 지원자의 능력을 최대한 이끌어내서 제대로 평가하기를 바란다. 그래서 더 많은 답을 듣기 위해 중간에 끊을 수도 있고, 감정을 상하지 않게 하려고 한다. 그래서 면접관은 직접적으로 말하지 않고 제스처로 지원자에게 힘을 줄 수도 있고 압박을 줄 수도 있고 메시지를 전달할 수도 있다.

지원자의 말 중간에 자르고 들어가면 서로 안 좋기 때문에 살짝 사인을 줘서 기분 나쁘지 않게 끊으려고 한다. 그러나 그러한 시도에도 불구하고 계속해서 말을 이어간다면 면접관은 좀 더 강한 사인을 주고 말이 길어지는 것이 반복된다면 중간에 말을 멈추게 할 수도 있다.

## 6

## 면접관이 지원자의 배려를 느끼는 답변

면접관이 지원자에게 어떤 답을 원하는지, 나의 어떤 모습을 보고 싶어 하는지를 알면 답변이 훨씬 쉽다.

그와 마찬가지로 면접관의 입장을 생각해 보지 않고 답변을 준비 하는 것은 답변의 완성도를 높이지 못한다.

면접관의 입장에서 생각 해볼 때, 질문의 답변을 어떻게 하는 것이 면접관을 이해하고 배려하는 것일까? 질문에 따라 지원자의 입장에서 답변을 하는것과 면접관의 입장을 이해했을 때의 답변이 어떻게 달라지는지 예시를 통해서 보자.

길거리를 걷고 있는데 어떤 사람이 광화문에 가려고 가까운 버스정류장을 물어본다면,

1단계: "이쪽으로 가시면 돼요."

2단계: "한 500m 정도 가시면 보여요."

3단계: "그리고 광화문 쪽으로 가는 버스는 건너서 타셔야 해요."

정말 잘 대답했다. 그런데 시간이 새벽 2시였다면,

"지금은 버스가 끊길 시간이에요"까지 말해줘야 한다.

질문자가 나한테 물어보지 않더라도 말해주면 좋다. 질문자가 버스를 타려 하는지는 확실하지 않지만 헛걸음하지 않도록 배려하는 마음으로 해준 대답이다. 그러면 질문자가 버스를 타려고 하지 않았거나, 버스가 끊긴 것을 알고 있더라도 내 친절한 답변으로 인해 감동을 받게 될 것이다.

내가 먼저 이렇게 배려를 해준다면 상대방도 마음을 열고, '정류장에 사람을 만나러 간다'든지, 다음 말로 자연스럽게 이어갈 수 있게 된다.

면접에서의 답변도 마찬가지이다. 물어보지 않더라도 다음 대답까지 요구되는 질문들이 있으니 면접관의 입장을 파악하고 배려하는 답변을 할 수 있어야 한다.

면접관의 입장을 알아야 사례처럼 면접에서 대답을 잘할 수 있다. 면접관은 지원자와 나이도 다르고, 직책도 높고, 경력도 많고, 세대차이가 날 수도 있다. 면접관들이 다양한 부서의 소속이라면 우리가 아는 전문용어를 모를 수도 있다.

그리고 지원자는 오늘 한 번의 면접을 봤지만 면접관들은 오늘 하루만 해도 10번, 20번을 봤을 수도 있어서 피곤하고, 여러 명을 동시에 평가해야 하는데서 혼란스러울 수도 있다.

면접관들의 직업은 전문 면접관이 아니고 현업에서 업무를 하다가 면접 시즌에 후배들을 뽑으러 잠깐 왔기에 면접이 굉장히 낯설고 또 우리를 처음 만났기 때문에 익숙하지 않다. 그리고 우리는 평가를 기다리는 입장이지만 면접관은 누군가의 합격, 불합격을 결정해야 하고 그것에 대한 책임을 져야 한다. 뿐만 아니라 원래의 업무 관련해서도 계속 전화가 오기도 한다. 면접관 업무가 끝나면 야근하러 다시 가는 분도 있다. 면접관들이 오로지 면접에만 집중해서 하지 못할 수도 있다. 그래서 면접관들의 표정이 다소 어둡더라도 지원자에 대한 평가가 안 좋아서가 아니므로 면접관의 입장을 이해하고 먼저 다가가서 밝은 분위기로 면접에 임한다면 그것 또한 면접관을 배려하는 것이고 면접관에게 좋은 이미지를 남길 수 있다.

## 7

# 내가 아는 약점은 약점이 아니다

실제 본인의 약점과 편견에 의한 약점을 구분하여 자소서와 이력서를 통해서 본인을 어필할 수 있다. 자신의 장점을 부각하고 자신의 약점을 보완해야 한다.

장점을 부각하고 약점을 보완하는 방법

먼저 장점은

(1) 본인이 생각하는 장점을 면접에서처럼 설명해보고 말하기, 편한 장점을 찾기

(2) 본인의 장점을 나타낼 수 있는, 장점을 발견할 수 있었던 사례를 선정

(3) 가고 싶은 기업 및 직무의 인재상과 맞는 장점 선택

다음으로 약점은

(1) 본인이 생각하는 약점을 작성

(2) 다른 사람이 본 나의 약점과 이유를 작성. 이것은 일종의 편견일 수 있음

(3) (1)번과 (2)번을 종합하여 작성하고 그중에 면접 때 일시

적으로 개선할 수 있거나 드러나지 않을 것은 개선하고 삭제

(4) 최종적인 약점을 찾았으면 그것을 극복하거나 덮을 수 있는 스펙이나 면접에서의 태도를 만들고 생각나는 경험이나 사례가 있다면 1~2개를 찾아둠

면접관이 판단하는 나의 약점을 예측하고 개선해야 한다. 나의 예시를 통해서 이해해보자. 일부 편견들이 표현되어 있으나 예시일 뿐 사실과 다를 수 있다.

(1) 내가 생각하는 약점은 게으르고 정리를 못하고 반복을 싫어하는 것이다.

(2) 다른 사람들은 내가 젊어서 경험이 많지 않다고 생각하고 잘 웃지 않아서 차가워 보인다고 한다.
   ① 게으른 것, 반복을 싫어하는 것, 정리를 못하는 것 - 일찍 면접장에 가면 특별히 드러나지 않는다.
   ② 경험이 없어 보이는 것 - 면접 전까지 나이는 크게 바뀌지 않으므로 약점으로 보인다.
   ③ 웃지 않아서 사교적이지 않아 보이는 것 - 면접 동안에는 웃음을 유지할 수 있으므로 극복할 수 있다.

(3) 이 중에 드러나지 않는 ①번을 지우고, 면접장에서 개선할 수 있는 ③번을 지우면, 어려 보여서 경험이 없을 것 같다고 평가될 ②번만 남는다. 정리를 해보면 내가 약점이라고 생각했던 것과 내가 극복해야 할 약점이 다르다는 것을 알 수 있다.

(4) 면접에서 약점을 개선하는 방법은 크게 두 가지가 있다. 하나는 개선한 사례를 말하는 것과 다른 하나는 면접장에서 행동으로 보여주는 것이 있다. 예를 들어보자. 경험이 없고 소극적으로 보이는 지원자가 약점을 극복하려면 2가지 방법이 있다.

A지원자: 학생회장을 했고 2개월 동안 배낭여행을 다녀왔다고 말했다.
**면접관은 A지원자가 적극적이라고 생각했다.**

B지원자: 면접에서 목소리도 크고 활발하고 적극적으로 답변하는 모습을 보였다.
**면접관은 B지원자도 적극적이라고 생각했다.**

약점을 극복하는 방법은 앞의 예시처럼 학생회장을 하지 않았거나 2개월 동안 배낭여행을 간 경험이 없다면 면접장에서 적극적인 모습을 보여주면 된다. 필자의 경우로 돌아와서 나이를 바꿀 수는 없으니 A처럼 내가 그동안 해왔던 해외여행, 아르바이트, 봉사활동 등의 경험들을 어필해서 보완하고, 차가워 보인다는 약점은 극복할 수 있는 사례를 찾기가 힘들어서 B처럼 면접에서 웃음을 유지하는 방향으로 정했다.

면접관은 지원자가 드러내는 것, 가진 것만을 보고 평가할 수밖에 없고 일반적인 통계와 과거의 경험으로 편견을 가질 수밖에 없다. 그래서 지원자는 면접에서 이미지 메이킹을 해야 한다.
편견과 약점에 대해서 이해했다면 이것을 역이용할 수 있어야 한다. 우리의 복장은 편견과 이미지를 만들어 준다.

필자가 강의할 때 2장의 사진을 사용한다.

빨간색 국물의 음식 사진 → 먹어보지 않았지만 매울 것 같다.
흰색 국물의 음식 사진 → 시원한 맛이 날 것 같다.

우리는 실제의 맛과 상관없이 먹어보기 전에 빨간색은 매운맛이고 흰색은 시원한 맛일 것이라고 추측해버린다. 지금까지 그래 왔기 때문에 그런 편견을 갖게 되었다. 음식을 매워 보이게 하려면 국물을 빨갛게 만들어야 하고 반면에 시원한 맛으로 보이기 위해서는 국물을 하얗게 만들어야 한다.

경험을 통해서 자신을 드러내는 것이 힘들다면 면접에서 보이는 모습을 바꿔야 한다.

'목소리가 크면 활발하고 외향적일 것이다. 잘 웃으면 성격이 좋을 것이다. 다양한 경험이 있으면 많은 것을 배웠을 것이다'처럼 본인의 경험에 비추어 생각하기 때문에 잘 이용하면 도움이 된다.

## 8

## 지원한 곳에 100% 합격했던 면접 답변

아래의 답변으로 합격은 했지만 100점짜리 답변은 아니다. 면접관도 100점짜리 정답을 원하지 않는다. 100점 답변은 없기 때문이다. 또 아래의 샘플은 필자가 제시하는 방향일 뿐 합격수준을 말하는 것이 아니므로 합격을 너무 높게만 생각하지 않았으면 한다. 면접의 모든 답변은 순간적으로 생각해야 하기 때문에 잘 알고 있는 답변이더라도 나의 전체적인 면접 수준을 고려하고 답변 길이와 속도를 조절해서 답변 간의 실력 차이가 크지 않게 해야 한다. 자소서도, 면접 답변도 지원자의 능력에 부합하는 답변을 해야 한다.

또 힘든 상황을 극복하려고 노력하는 과정을 중요하게 생각하므로 되도록 어려운 경험과 어려움을 극복했던 정신력을 바탕으로 답변하면 좋다. 힘든 경험을 통해서 우리가 얻을 수 있는 것들을 대표적으로 몇 개만 살펴보자.

① 도전정신, ② 인내심, ③ 긍정적인 마인드, ④ 희생정신, ⑤ 판단력 등이 길러진다.

그리고 어려운 일을 극복해본 사람은 다른 어려움에 부딪혀도 다시 이겨낼 수 있는 힘이 생긴다. 예방주사를 맞으면 내성이 생기는 원리와 같다. 그러므로 우리는 자소서나 면접을 위한 것이 아니더라도 평소에 정말 힘든 일을 이겨내 보는 것은 반드시 필요하다. 그래서 기업에서는 자발적인 도전, 힘든 경험을 많이 한 사람을 좋아한다.

경험을 통해 얻은 역량 중에 지원 부서에서 가장 필요하다고 생각하는 역량 1~2개를 골라서 말하면 된다. "이러한 경험을 통해서 저는 강한 도전정신을 갖게 되었습니다." 그리고 "도전정신을 발휘하여 생산관리 부서에서 생산라인의 비효율적인 이동과 대기시간을 줄이고, 불필요한 에너지 낭비를 줄이겠습니다"처럼. 이때 길러진 나의 역량은 부서에서 업무를 할 때에 어떤 도움이 될지 구체적으로 답변하면 된다. 물론 지금보다 더 구체적이어도 좋다.

구체적인 업무를 말하면 지원자가 지원자의 직무에 대해 알고 있다는 것도 어필할 수 있고 면접관의 입장에서 자연스럽게 열심히 생산라인의 비효율적인 이동과 대기시간을 줄이기 위해서 고심하고 노력하는 모습이 머릿속에 그려져서 합격률을 높일 수 있다.

(1) 면접관: "지원자에게 큰 영향을 준 사례는 무엇인가요?"

지원자: "대학생 때 미국에서의 1년을 포함해 해외여행을 많이 다녔습니다. 다양한 사람들을 만나고 여행을 하면서 적응력을 길렀고 글로벌 마인드도 생겼습니다. (1초 쉬고) 입사해서는 이러한 도전을 통해서 얻은 역량으로 관리업무를 하고 현재의 매뉴얼을 최적화하고 싶습니다."


준비했던 질문에 대한 답변이기에 '미국에서의 1년을 포함해'처럼 말이 잘 다듬어져 있다.
'도전': 회사의 인재상을 어필하는 단어이다.


전공 관련 지식: 오래되지 않은 최근의 사례를 어필
지원동기 어필: 최근보다는 장기간의 사례를 어필

(2) 면접관: "우리 회사에 입사하기 위해서 지금까지 어떤 노력을(준비를) 하였고 어떤 역량을 얻게 되었죠?"

지원자: "저는 군대에서 다양한 경험을 했습니다. 그러한 경험들이 힘들 때도 있었지만 저의 역량을 기를 수 있는 좋은 기회라고 생각하고 자발적으로 훈련에도 참가하였고 관리 업무를 하면서 겪게 될 어려움을

미리 경험해보면서 저만의 대처능력과 노하우를 갖
게 되었습니다.

(1초 쉬고) 저와 입장이 다른 사람들, 저보다 나이
가 많은 분들과 함께해야 하는 업무였기에 그분들
을 먼저 대우해드리고 업무 이전에 인간적으로 친
해지려고 노력했습니다.

(1초 쉬고) 선배에게 그분들이 원하는 것을 물어보
고 파악을 했고 그분들께도 직접 원하시는 것을 들
었습니다. 그분들의 요구사항을 먼저 해결하였고 그
러한 과정에서 인간적으로 친해질 수 있었습니다.”

‘자발적으로 훈련’: 입사 후에도 솔선수범할 것임을 어필
‘대처 능력과 노하우’: 추가 질문을 위한 키워드
‘그분들을 먼저 대우’: 입사 후 연장자를 존중하겠다는 의도
‘선배에게 물어봐서’: 선배 말을 잘 듣는다는 것을 어필

회사를 입사하기 위한 목적과 밀접한 경험이 유리하다.
이번 답변에는 연장자를 대우하고 선배를 믿고 따르는 모습
은 있지만 구체적인 계획이나 이미지화는 하지 않았다.

(3) 면접관: "그동안 해온 경험이 있나요? 그로 인해 얻은 역량은 무엇인가요?"

지원자: "저는 어렸을 때부터 과외, 정육점, 학원강사 등 다양한 아르바이트를 했고 일을 하고 어울리면서 그분들의 입장을 이해할 수 있었습니다. (1초 쉬고) 평소에는 생각하지 못했던 부분을 이해할 수 있었고 처음 만나는 사람과도 쉽게 '공감'하고 '소통'할 수 있게 되었습니다. 이때 배운 '공감'과 '소통능력'으로 업무를 할 때, 선배님들과 한마음이 되어 일할 수 있을 것이라고 확신합니다."

'어렸을 때부터': 스펙과 상관없이 자발적임을 어필

'정육점, 학원강사' 등: 상반되는 경험을 통해서 다양한 모습을 드러냄

'공감'과 '소통능력': 관련된 추가 질문을 유도하기 위한 키워드

간접적으로 표현하지 말고 "나의 역량은 '무엇'입니다"라고 정확히 표현해야 함

(4) 면접관: "입사 후 포부, 앞으로의 계획은 무엇인가요?"

지원자: "저는 공학을 하는 사람으로서 호기심이 많고 창의

적인 생각을 많이 합니다. 관리 업무를 하면서 효율을 높이기 위해서 개선할 점을 찾고 해결하고 싶습니다. (1초 쉬고) 개선할 점을 찾기 위해서 현장을 돌아다니며 개선할 점을 기록하고 선배님들께 문제점을 파악하여 꼭! 혁신을 창출하고 싶습니다."

'저는 공학을~합니다': 답변이 생각나지 않아서 시간을 벌기 위한 멘트
'현장을 돌아다니며': 뻔한 대답이지만 생각할 시간이 없기 때문에 신입사원이 할 수 있는 수준에서 답변을 한 것이다. 또 공책에 펜으로 기록하는 제스처를 보여주면 입사 후의 모습을 어필할 수 있다.

열심히 하겠다는 다짐만으로도 잘 적응할 확률이 올라간다. 입사 후 포부를 최대한 구체적으로 말해서 회사와 본인의 미래를 이미지화하고 애사심을 표현했다. 업무와 관련 없는 개인적인 자기 계발이나 포부를 말하면 안 된다.

(5) 면접관: "회사에, 부서에 지원하게 된 동기, 계기가 무엇인가요?"

지원자: "전공 성적이 높지는 않았지만 아르바이트를 하면서

부터 기계에 관심이 많았고 특히 군대에서 관리업무를 하면서 저의 적성과 능력을 볼 수 있었습니다. 물론 일이 힘들 수 있지만 선배님들께서 믿어주신다면 제가 그동안 배웠던 것을 발휘해서 회사를 더 발전시키고 싶습니다. (1초 쉬고) 제가 가장 가고 싶은 회사와 부서가 이곳이었기에 저는 한 곳밖에 지원하지 않았습니다."

'아르바이트를~관심이': 추가 질문을 유도하기 위한 키워드
'군대에서 관리업무': 추가 질문을 유도하기 위한 키워드
'선배님들께서 믿어주신다면': 면접의 후반부가 되어 분위기가 좋다는 가정하에 선배님이라는 호칭을 써서, 이미 입사한 신입사원의 느낌을 강하게 어필했다.


혹시 합격하고 나서 다른 회사로 옮기거나, 일을 하면서 계속 다른 회사에 지원할지 궁금하다. 회사의 장단점과 부서 업무를 알고 지원했는지 궁금하다.
필자는 회사에 대한 정보를 몰라서 못했지만 왜 우리 회사, 우리 부서를 선택했는지, 우리 회사만의 특징은 무엇인지도 답변하자. 필자는 기업분석을 잘하지 않는 편이다.

(6) 면접관: "가장 힘들었던 경험은 무엇이고 어떻게 극복했나요?"

지원자: "23살 때, 적은 돈만 가지고 일본으로 무전여행을 갔습니다. 일본에 가서 일을 하고 숙식을 해결할 수 있을 것이라고 생각했습니다. 그런데 여러 가게에 들어가서 일을 구했지만 비자가 없어서 전부 거절 당했습니다. (1초 쉬고) 한겨울에 밖에서 자고 일본 어를 공부하면서 3일을 돌아다녔습니다. (1초 쉬고) 그렇게 돌아다니던 중 무료로 홈스테이를 시켜주겠 다는 일본인 가족을 만나게 되었고 한국어와 영어 를 가르쳐주면서 3주간의 여행을 할 수 있었습니다. 어떠한 어려움이 있더라도 적응하고 이겨내면서 무 엇이든 할 수 있다는 자신감과 일본어 능력을 갖출 수 있었습니다."

특별한 방법으로 한 것은 아니지만 긍정적으로 생각해서 포 기하지 않고 극복해냈던 것이다. 그러나 비자를 준비하지 않은 것은 자칫 준비성이 없는 사람으로 보일 수 있다. 그렇 기 때문에 추가 질문에 대비해서 준비를 철저하게 했던 사 례를 준비해라. 이 방법은 빈틈을 보여서 추가질문을 하게 만드는 것이다. 오히려 열심히 준비했던 사례의 효과를 극 대화하기 위한 방법이다. 추가 질문을 하도록 유도하기 위한 답변이다.

실제 입사해서 어려움을 극복하는 데 도움이 될 만한 방법, 또는 역량을 어필하자. 업무를 하면서 있을 법한 사례를 예로 들면 더 효과적이다. 단순히 문제를 해결 여부가 중요하지 않고 극복하기 위한 노력과 발휘된 역량, 깨달은 것이 중요하다. 나의 노력이 없이 시간이 지나서 해결되었거나 대학생한테만 가능한 방법은 효과적이지 않다.

(7) 면접관: "본인의 가장 중요한 역량은 무엇인가요?"

지원자: "저의 가장 중요한 역량은 도전정신이라고 생각합니다. 제가 대학교 2학년을 마치고 일본으로 무전여행을 떠난 적이 있습니다. 영어와 일본어를 조금 배웠기 때문에 자신감으로 도전할 수 있었습니다. 여행을 통해서 저는 자신감과 적응능력을 배울 수 있었습니다. 그래서 부서를 정할 때도 제가 도전할 수 있는 일을 선택하였습니다."

(7)번의 질문은 (6)번과 다르지만 내가 준비한 답변에 약간의 살을 붙여서 (7)번 질문에 맞게 답할 수 있어야 한다. 각각의 질문에 모두 다르게 준비할 만큼 경험이 풍부하지

않다. 한 가지 질문에 답변을 준비하면 다른 질문이 나와도 어렵지 않게 답변할 수 있다.

그리고 혹시라도 한 번 답변한 경험을 다시 언급해야 한다면 민망해하지 않고 그 전에 답변했던 것보다 더 구체적인 답변이나 다른 에피소드 하나를 추가하면 좋다.

이렇게 자신 있는 것이 있다면 사례를 이용해서 어필하고 없으면 사례를 만들어라.

진짜 자신 있는 것도 좋지만 면접관들이 더 궁금한 것은 자신 있는 것을 통해서 업무에 어떤 도움이 될지에 대한 내용들이다. 즉 내 성격이나 능력에서의 가장 자신 있는 부분을 말하는 것보다는, 회사 업무를 할 때에 필요한 나의 장점 또는 역량을 말해야 한다. 그래서 업무와 전혀 관련이 없는 장점을 말하면 직무적합성을 평가할 수가 없다. 구체적으로 역량과 강점을 말하고 부서 업무에 어떻게 적용시키겠다는 간단한 포부를 밝혀주면 된다.

나의 장점이나 자신 있는 것이 기타 연주 고급, 엑셀 중급, 정리정돈 중급이라면 가장 자신 있는 것은 1. 엑셀 중급, 2. 정리정돈 중급, 3. 기타 연주 고급 순으로 말하기를 추천한다.

(8) 면접관: "자기소개를 해보세요."

지원자: "저의 장점은 성실함입니다. 학군단 생활을 할 때 처음에는 달리기를 잘하지 못했지만 꾸준하게 연습을 했고 평가에서 전체 1등을 하였습니다. 성실하게 하면 부족한 능력도 뛰어넘을 수 있다는 것을 느꼈습니다. OO업무를 하면서도 성실함을 바탕으로 자신감 있게 하고 싶습니다."

성격 ▸ 경험 사례 ▸ 느낀 점 ▸ 업무 의지를 말하면 무난한 자기소개이다. 모범 답변 방향으로 제시했지만 면접에서 올바른 답을 했는지 아닌지는 면접평가에 큰 비중을 두지 않는다. 면접의 질문 중에는 A와 B 중에 고르라는 질문도 있고 무엇을 더 중요하게 생각하냐는 질문도 있을 것이다. 이럴 때 A와 B 둘 다 답이 될 수 있다. 그런데 중요한 건 의견에 대한 선택의 근거이다. 근거가 타당하다면 어떤 것도 맞는 답변이 될 수 있다.

또한 면접관이 생각하는 답과 다른 대답을 해도 좋다. 그러므로 주변의 지원자들의 답변에 휘둘리거나 따라갈 필요가 없다. 특히 면접 실력 없이 지식적인 부분만 준비한다면 면접은 합격하기 힘들다. A지원자와 B지원자가 같은 답을 말했어도 한 명은 합격하고 한 명은 떨어질 수 있다. 그것은 A

지원자와 B지원자의 스펙이 전부 똑같더라도 한 명은 합격하고 한 명은 불합격하는 것과도 같다.

면접 질문에 즉각적인 답변을 하는 연습을 해보자. 필자의 대답도 즉각적으로 하다 보니 완벽하지 않은 답변이 있을 수 있고 질문이 불분명하거나 이상하다는 생각이 들어도 답변을 해야 하므로 그런 부분을 감안해서 보자.

(9) 면접관: "우리 회사를 알고 있는 대로 말해보세요."

지원자: "개인의 성과를 인정해주고 직원들이 능력을 발휘할 수 있는 기업이라고 알고 있습니다. 저 또한 이곳에서 선배님들과 함께 최고의 능력을 발휘하기 위해서 지원하였습니다."

(9)번은 기업의 정보를 잘 모를 때, 할 수 있는 답변이다. 어떻게 보면 필자의 개인적인 의견일 수 있다. 취업정보를 검색하다가 읽었던 것이 생각나서 답변을 했다.

일반적으로 기업의 역사와 연혁, 비전을 많이 말하는데 외우기도 어렵고 확신이 없기에 필자는 (9)번과 같은 방향으로 답변을 한다.

(10) 면접관: "이 방 안을 탁구공으로 가득 채운다면 몇 개가 들어갈 것 같나요?"

지원자: "예. 이 방은 5평 정도 될 것 같은데 1평은 3.3제곱미터이므로 이 방의 면적은 16.5제곱미터가 됩니다. 제가 탁구공의 직경을 잘 모르고 암산이 되지 않기 때문에 정확한 답변을 드리기는 어렵지만 천장까지 탁구공을 전부 채우려면 탁구공을 옮길 많은 직원과 탁구공이 문으로 빠져나가지 않게 만들기 위한 장비들이 필요합니다. 특히 천장까지 채우는 것은 정말 힘든 작업일 것으로 예상됩니다."

(10)번은 압박면접의 질문으로 나왔던 예시인데, 이것 역시 답을 모를 때 답변하는 방법이다. 방의 넓이를 계산하면서 아는 것까지는 답변한다. 그리고 탁구공을 이 방 안에 채우는 작업을 예상할 때 자연스럽게 떠오르는 생각을 말했다. 이렇게 답변하면 작업을 계획하는 이미지를 줄 수 있고 아르바이트했던 경험으로 연결시킬 수도 있어서 답변을 못한 것도 넘어가게 된다. 면접관이 탁구공을 채우는 작업에 대해서 상세하게 질문할 경우에는 이미 압박이 풀린 상황이므로 아는 범위 내에서 자신 있게 답변하면 된다.

(11) 면접관: "우리 회사에 문제가 있다면 어떤 점이 있고 개선점은 무엇인가요?"

지원자: "제가 현직에 있는 선배에게 들은 내용으로는 회사의 문제보다 업종 전반적으로 새로운 계약을 하는 것이 어렵고 단가를 맞추려는 노력이 필요하다고 알고 있습니다. 그래서 제가 지원하는 부서의 역할이 굉장히 중요하다는 자부심을 갖고 개선해나가야 할 방향을 찾고 싶습니다."

(11)번은 문제점을 말하기도 어렵고, 없다고 말하거나 모른다고 하면 관심이 없어 보일 수 있다. 일반적으로 지원자가 회사의 내부 문제를 정확히 알기는 힘들다. 이럴 때는 다른 사람의 말을 인용해서 답변을 시작해보자. 현직에 있는 선배의 말을 인용해서 면접관의 의도를 파악해보고, 직종이 가지고 있는 문제이기에 전반적인 문제로 확장시켜 모든 기업에서 고민하고 있다는 것을 말해서 해당 기업만의 문제가 아니라는 것을 알고 있다는 것을 전달했다.

그때까지 면접관이 반대의견을 말하지 않는다면 지원자의 생각도 그렇다고 본인의 의견까지 말해야 한다.
또 바로 개선점을 말하면서 문제라기보다는 나아가야 하는 방향이라고 포장을 했고 '알고 있습니다'라고 말해서 면접관이 반대의견이나 반대되는 질문을 할 수 있고, 나의 의견을 번복할 수 있는 가능성을 남겨두었다. 마지막으로 회사에 문제가 있다는 것을 알고 지원했지만 그렇기 때문에 지원동기가 되었다고 강하게 말했다. 면접관의 입장에서는 압박을 한 것일 수 있지만 지원자의 답변으로 인해서 면접관은 더 큰 감동을 받게 된다.

(12) 면접관: "본인의 약점이 무엇인가요?"

지원자: "저는 일상적이고 반복적인 일을 잘하지 못합니다. 그래서 학창 시절에도 해외여행, 통역봉사 등 활동적인 경험을 많이 했고 단점을 극복하기 위해서 제가 잘하는 분야를 극대화시키려고 노력했습니다."

(12)번은 치명적인 약점을 피하되 장점과 겹치지 않는 단점을 선정하는 것이 좋고, 필자의 답변처럼 지원자의 경험으로 커버가 될 수 있는 단점이면 더욱 좋다. 결론적으로 지원자의 장점을 어필할 수 있으면 더욱 좋다.

단점에 대한 질문을 받으면 객관적인 눈으로 보고 분석을 해봤는지, 자신의 단점을 극복하려는 노력을 어필하면 된다. 그러나 피해야 할 점은 장점과 마찬가지로 나의 최대 단점을 말하기보다는 회사와 해당 부서에서 절대적으로 가져서는 안 되는 단점을 웬만하면 피해서 너무 치명적이지 않은 단점을 언급해야 한다. 회사생활을 하면서 문제가 되는 것은 장점이 없어서보다 단점 때문이다. 위험한 지원자를 뽑으면 면접관에게 책임을 돌아오기 때문에 면접관들이 단점에 관심을 가질 수밖에 없다.

(13) 면접관: "입사 후 가장 먼저 하고 싶은 일은 무엇인가요?"

지원자: "저는 일하는 것을 좋아합니다. 가장 먼저 선배들에게 업무 준비를 위해 무엇이 필요한지 어떻게 해야 하는지를 배우고 싶습니다. 그래서 빨리 적응하고 일을 하고 싶습니다. 이곳에서 일을 한다고 생각하니 벌써부터 정말 행복합니다."

(13)번에서 중요한 것은 입사 후, 업무를 하면서 가장 먼저 하고 싶은 일이다. 가끔 최종 합격 발표 후의 계획을 말하는 경우가 있는데 면접관은 그것에는 관심이 없다. 입사 후 포부와 비슷하지만 5년 후가 아닌 바로 할 수 있는 것들을 말해야 한다. 또 합격한 후의 생활을 상상해봐야 한다.

(14) 면접관: "지원자는 기업을 평가하는 요소가 무엇인가요?"

지원자: "저는 저를 알아봐주는 기업, 사람에게 충성을 다합니다. 지금까지 제가 최선을 다해서 일할 수 있는 곳을 찾아왔습니다. 그리고 지원했던 곳이 이곳입니다. 제가 마음껏 역량을 펼칠 수 있고 그럴만한 일이 있는 곳인지가 굉장히 중요하고 회사에서 가장 저를 필요로 하는 부서로 가고 싶습니다."

(14)번은 다른 뜻으로, '지원동기가 무엇인가요? 계속해서 회사에 다니는 이유가 무엇인가요? 왜 우리 기업의 우리 부서를 선택했나요?'로 해석할 수 있다. 지원동기 또한 굉장히 어려운 질문인데 지원동기, 회사 평가기준은 숫자나 순위 등 표면적인 것에 맞춰 있거나 최근의 변화보다는 기업의 본질적인 부분, 꾸준히 나아가는 방향에 맞춰 있으면 좋다. 답변을 하면서 필자도 한 번에 방향이 떠오르지 않을 만큼 민감한 질문이고 평소에 생각하지 않는 답변이라서 고민이 되었다. 필자의 답변의 방향은 참고하되 본인의 스타일에 맞게 답변을 해야 한다.

필자의 경우 적극적이고 긍정적이고 순수한 콘셉트로 면접을 본다. 또 다양한 경험이 뒷받침되기 때문에 이러한 답변을 할 수 있다.

앞의 내용을 보면 정보와 지식을 가지고 답변을 한 문항이 없다. 필자는 무언가를 외우거나 전공, 지식적인 부분이 많지 않은 편이어서 답변의 내용이 한정적이다.

정말 대답이 나오지 않는다면 필자의 답변에서 본인에 해당되는 내용을 바꿔서 답변해보고 스타일에 맞는지 연습해보자.

## 9

이것 하나 바꿔서, 합격했다고?


착각: 어떤 사물이나 사실을 실제와 다르게 생각하는 현상


착각을 이용한 컨디션과 외부의 환경이 면접관에 얼마나 영향을 주는지 알아보는 실험이 있다.


<실험 1> 실험에서 총 10명의 면접관(일반인 피실험자)은 1:1로 면접자를 평가한다. 동일한 면접자를 평가하는데, 차가운 음료를 잡고 있던 면접관과 따뜻한 음료를 잡고 있던 면접관의 평가가 분명하게 달라질 것이라는 실험이다. 면접관은 면접장으로 이동하면서 사회자의 음료를 잠시 들어준다. 다시 사회자에게 음료를 돌려준 후에 면접을 진행한다. 면접관은 대본대로 동일한 질문을 하고 면접자는 10번 모두 동일하게 답변했다.

차가운 음료를 들었던 5명은 모두 면접자를 부정적으로 평가하여 불합격 판정을 했다. 이번에는 다른 5명에게 따뜻한 음료를 들게 하였다. 그런데 놀랍게도 따뜻한 음료를 들었던 5명 모두 면접자를 긍정적으로 평가하여 합격판정

을 했다.

이 실험에서 면접관(피실험자)은 따뜻한 음료와 차가운 음료로부터 받은 이미지를 면접자에게서 받았다고 착각하게 되어 결과가 달라진다고 말하고 있다.

면접의 평가는 환경이나 면접관의 상태에 따라서 달라질 수 있다. 그리고 남, 녀 구분 없이 같은 실험 결과를 보였다. 면접관은 지원자의 답변뿐만 아니라 다른 요소들에 의해서 지원자의 합격과 불합격을 결정할 수도 있다. 물론 피실험자인 면접관보다 기업의 면접관은 환경에 영향을 덜 받을 수도 있고 실제 면접에서는 면접관에게 음료를 전달할 수는 없지만 면접 내용 외의 외부 환경들을 실전 면접에서 같이 이용해야 한다.

※ 출처: 착각의 진실 - EBS 다큐프라임


<실험 2> 복장이 얼마나 이미지에 영향을 주는지를 보여주는 실험도 있다.

동일한 사람의 옷차림에 따라서 보이지 않는 직업, 연봉, 성격, 매력도 등의 예측이 극명하게 달라진다는 실험이 있다.

<상황 1> 평소처럼 청바지에 빨간 체크 셔츠를 입었을 때

직업: 기계수리공, 만두집 등

연봉: 평균 3,000만 원

매력도: 0점, 2점 등 낮은 점수


<상황 2> 정장을 입었을 때

직업: 변호사, 의사, 대기업 사원 등

연봉: 평균 7,300만 원

매력도: 9.5점, 10점 등 높은 점수

논리적이고 말을 잘할 것 같다고 평가

얼굴, 키, 몸매는 모두 같지만 복장만 변화시켜서 연봉, 성격, 매력, 능력이 굉장히 높게 평가되었다.

이 실험에서 시각적인 요소에 따라서 사람의 성격, 보이지 않는 부분까지 평가된다는 것을 알 수 있다. 이처럼, 면접에서는 답변 내용도 중요하지만 시각적인 요소에 따라서 보이지 않는 것까지 다르게 평가될 수 있으니 시각적인 것에도 시간을 들여야 한다.

※ 출처: 착각의 진실 - EBS 다큐프라임

## 10

면접의 종류:
PT면접, 토론면접, 전공면접 등 공략법

- PT면접 질의 시간에 질문 대신 칭찬받고 나오는 노하우

면접의 종류는 매우 다양하다. 그중에 인성면접을 제외하면
자주 하는 면접은 PT면접과 토론면접, 협상면접, 전공면접
정도이다. 그 외에는 다대일면접, 다대다면접, 1박 2일 면접,
등산면접, 술자리면접, 임원면접, 기술면접, 영어(외국어)면
접, 영업면접, 자소서 기반 면접, 상황면접, 압박면접 등이
있다.

면접의 종류가 다양해지는 이유는 기업의 규모와 상관없이
다양한 인재를 원하고 변화의 속도가 빨라지기 때문이다.
또 지원자들의 스펙과 실력이 늘어가면서 점점 변별력을 높
이기 위해서 새로운 면접 유형을 만들기도 한다. 등산면접,
영어면접 등도 모두 다 기본적으로는 인성면접을 바탕으로
평가하되 상황에 변화를 주는 것이다. 실제의 직장생활에서
직무와 상황을 이해하면 면접에서 방향을 잘 잡을 수 있다.

회사에서 절대적으로 필요한 것은 커뮤니케이션 능력이다. 각자의 업무가 있지만 팀으로 구성되어 있고 모든 일에 항상 결과보고를 해야 한다. 그리고 입사하면 업무를 배워야 한다. 배우는 과정에서 모르는 건 물어가며 잘 해결 해 나가는지 기본적인 검증을 하고자 한다.

커뮤니케이션 능력이 부족하면 어려움을 해결하지 못하거나 실수를 할 수도 있고 상급자의 지시를 이해와 수용하지 못하는 등의 문제가 생길 수 있다.

그래서 면접에서는 최소한의 커뮤니케이션 능력을 검증하고자 하는 것이다. 기본적인 지식이나 업무능력보다 팀원의 의도를 이해하고 적용하는지가 정말 중요하다.


## (1) 토론면접은 이기는 것이 목적이 아니다.

토론면접 방법: 팀을 나누어 찬, 반의 주장을 근거에 맞게 토론을 진행하고 그 과정을 평가하는 면접이다. 최근에는 잘하지 않는 면접방식인데 참고적으로 알아두자. 토론면접을 본다면 기본적인 토론 방식과 토론의 예의를 알고 가야 한다. 토론의 정식 룰은 정해져 있기 때문에 인터넷을 검색해보면 좋다.

공통적인 규칙으로는 많은 사람들이 알고 있고 찬성과 반대가 나뉘는 주제로 토론이 진행 되며 찬성과 반대를 정해준다. 정해진 찬성과 반대로 주장을 해야 하며 근거를 생각할 시간을 준다. 보통 개인보다는 팀으로 토론을 진행한다.

팀 내에서 순서를 정해서 처음에는 각 팀의 찬반 주장을 하고 그 뒤에 반박을 하면서 근거를 바탕으로 결론을 내는 면접이다. 이때 주의할 점은 정해진 규칙, 예의, 시간을 필수적으로 지켜야 하며 심사위원의 지시를 따라야 한다. 토론에서 이긴 팀은 합격, 진 팀은 불합격되는 것이 아니다.

같은 팀 내에서도 결과가 달라질 수 있고 토론의 결과보다는 결론을 도출하는 과정에서 발생하는 대화와 창의적인 근거, 전달력, 배려, 경청 등 다양한 요소를 파악한다.

예를 들어 같은 주장과 근거를 말하더라도 "네, 발언해주신 내용에 일부 동의합니다. 그리고 저는 좀 다른 방향에서 생각해 봤는데요~"처럼 뭔가 남들과는 다른, 창의적이라는 느낌을 줄 수 있는 말을 앞에 붙이거나 주장을 마무리하는 멘트를 자연스럽게 하면 달라 보인다. 토론을 해본 경험이 없기 때문에 한 번이라도 더 멘트를 준비해본 사람이 유리하다.

또 너무 독점적으로 토론을 참여하거나 공격적인 태도를 취해 흐름상 방해가 되는 언행을 한다면 감점 요인이 된다. 실질적으로 입사 후에는 동등한 조건에서 토론을 할 일이 많지 않다. 일반적으로 팀 내 회의, 부서 간 회의를 한다.

토론면접에서 좋은 평가를 받으려면 상대방의 주장을 인정하고 다른 지원자의 입장을 고려해서 감정이 상하지 않도록 발언해야 한다.

또 남들과 다른 생각을 하여 창의성을 보여주고 잘 듣고 설득을 하려고 노력하여 소통하는 모습을 보여주면 좋다. 본인의 의견을 자신 있게 주장할 수 있고 근거를 제시할 수 있으면 토론면접 준비는 다 된 것이다.

토론면접을 본다면 기존에 토론 주제로 다뤘던 주제들과 찬, 반 근거를 어떤 식으로 찾는지 알아두자.


## (2) PT면접 질의응답 5분 동안 질문 대신 칭찬받는 노하우

PT는 Presentation의 약자이다. 면접은 면접관이 주도하지만 PT의 경우는 내가 시간을 조절한다. 그렇기 때문에 시간 조절의 권한과 책임은 전적으로 나에게 있다. 그래서 특히 신경 써야 한다.

면접과 달리 PT는 분량이 정해져 있어 시간을 예상할 수가 있다. 또 PT에서 시간은 평가를 떠나서 면접에서의 규칙이다. PT에게 개인에게 주어진 시간은 한정적이다. 질의응답으로 인해서 시간이 길어지는 경우를 제외하고, 분량이 남았더라도 시간 내에 끝내야 한다. 또한 '10분 내외'처럼 시간이 유동적이라 하더라도 차례가 정해져 있는 경우는 시간을 앞당겨서 끝내는 것이 지루하지 않고 추가 질문을 받을 수도 있어 안정적이다.

PT면접은 인성면접 다음으로 입사 후에도 많이 쓰이고 PT를 잘하면 크게 인정받을 수도 있다. PT면접이 없더라도 꼭 PT실력을 늘려두자. PT면접 준비가 되었다면 면접이라고 생각하지 말고 실전처럼 해도 된다. 어느 정도 설정을 해야 하고 분위기도 보면서 수준을 맞추자. PT면접에 들어가면 나 혼자 시작과 끝을 내야 하는 경우가 있다. 인성면접처럼 질문에 대한 답변만 하는 것이 아니어서 어떻게 시작을 해야 할지 고민이 될 것이다.

회사에서 PT면접을 보는 이유는 지원자가 입사 후에 PT를 진행할 때 모습을 예측하면서 하기 때문에 좋은 모습을 보여줘야 한다. PT를 준비할 때 가장 중요하게 생각해야 할 부분은 첫 도입이다. 보통은 면접장에 들어가서 'PT발표 시작하겠습니다' 또는 '시작해도 되겠습니까?' 등의 지원자 입장에서 진행하는 경우가 많은데, PT면접을 시작하는 방법으로 추천하고 싶은 것은 이미 회사에 입사해서 어느 정도 경력이 쌓인 상태로 발표하고 있는 상황을 만들어버리는 것이다.

제목을 거창하게 '안건에 대한 3과 내부 회의 결과 보고 드리겠습니다'처럼 실제 팀 회의를 거쳐 정해진 결과를 지원자가 대표로 상급자와 다른 팀에게 공유 및 보고하는 상황으로 만든다면 면접관들은 그동안 봐왔던 지원자들과는 다름을 느끼고 실제 직원처럼 믿음이 간다. 젊었을 때의 자신의 모습을 떠올리며 호감을 갖게 된다. PT를 끝까지 문제없이 진행할 수 있다면 이러한 설정으로 다른 지원자들과 차별화된 나를 만들자.

또는 지원자가 부하 직원인 것처럼 호칭 또한 면접관님 대신 부장님 상무님 등의 회사 직급을 사용하는 것도 좋다. 단, 대리님, 사원님 등의 낮은 직급으로 부르면 역효과가 날 수 있다.

이러한 설정을 귀엽다고 즐길 수도 있지만 지원자로서 진지하지 않다고 생각할 수도 있기 때문에 면접 시작 전에 분위기를 잘 살펴서 방향을 정해야 한다.


또 PT발표에서 첫 글자를 따서 기억에 남게 하고 웃음 포인트를 주는 방법도 있다.

예를 들어 회사의 방향과 상품에 대한 의견을 발표하는 PT라면 "우리 팀이 나아가야 할 방향은~"으로 말을 시작해서

"1. 고객들의 합리적인 소비를 이끌어내기 위해서~"

"2. 격이 높은 상품을 만들어내야 합니다. 그렇게 하려면~"

이렇게 발표를 하면서 칠판에 '합리적인 소비', '격이 높은

상품'이라고 써둔다. 그 후에 발표를 마치면서 다시 한번 강조를 해준다.

1. ㉠ 리적인 소비
2. ㉠ 이 높은 상품

'합'리적인 소비와 '격'이 높은 상품을 말하면서 '합'과 '격'에 동그라미를 쳐주고 PT를 마무리하는 것이다. 합격하고 싶은 간절함이 느껴진다.

남들과 달리 창의적으로 준비해왔고 PT면접의 분위기를 밝게 만들었다는 점에 좋은 평가를 받을 것이다. 그리고 창의적인 아이디어를 기대하게 되고 기획 홍보, 마케팅과도 연결하여 생각할 수 있게 된다.

(3) 최근에는 전공면접을 많이 실시하지 않는 추세다.

인적성검사를 통해 적성 등을 판별하고, 필요시 전공필기시험을 실시하기도 한다. 전공면접은 기본적으로 인성면접을 바탕으로 한다. 전공면접에서도 전공지식과 능력을 평가하기에는 역부족이다. 따라서 전공지식을 물어보면서 압박을 하거나 기본적인 전공지식을 현실에 적용시키는 정도의 질문을 한다.

면접은 애초에 지식을 보기 위한 목적이 아니기 때문에 전공면접을 준비하기 위해서 면접의 기본을 포기하고 전공지식만 준비하면 안 된다. 오히려 지식보다는 직무적성을 물어보는 면접이 많아지고 있다. 전공을 선택한 이유, 해당부서와 우리 기업을 선택한 이유, 전공에 대한 지원자의 생각을 물어보는 면접이 대부분이다.

전공과목에서 배운 내용 중에 자신 있게 말할 수 있는 주제 한두 개 정도는 준비를 해야 한다.

## 11

# 면접자에게 절대!
## 공개되지 않는 면접 평가표

면접관은 어떻게 지원자를 평가할까? 면접관이 지원자를 평가할 때는 정형화된 평가표에 의해서 평가를 한다. 물론 회사마다 다르지만 일반적으로 대기업은 평가표를 많이 사용하고 중소기업에서는 평가표 없이 면접이 진행되는 경우도 있다. 지원자가 적다보니 중소기업의 면접은 대기업보다 면접이 자유로운 경우가 많고 면접관의 영향력이 더 크다고 볼 수도 있다. 반대로 대기업은 면접관의 영향력보다는 상대적으로 평가표가 중요시되고 객관적이다.

면접 평가표 샘플을 보면

① 직무적합성
② 적극성
③ 태도 및 용모
④ 의사소통
⑤ 성격
⑥ 문제 해결 능력

⑦ 외국어 능력
⑧ 호감
⑨ 종합 평가

등을 평가하고 '0점~10점', '상/중/하'처럼 각 항목에 최고
점을 정해두고 평가를 한다. 그런데 각각을 개별적으로 평
가하여서 한 가지 항목만 잘한다고 좋은 점수를 받기가 힘
들다. 평가항목에는 내용 자체를 평가하는 것은 비중이 크
지가 않다.
인터넷에서 면접 평가표를 검색해보면 쉽게 구할 수 있다.
그것을 참고해서 실제 면접에서 사용되는 평가표대로 준비
를 해보자. 또 면접관이 어떤 것을 평가하기 위해서 질문했
는지를 빠른 시간에 파악해보는 연습도 좋다.

어떤 지원자는 영어를 잘해서 외국어 능력에서 높은 점수를
받았지만 본인의 발언권을 놓치거나 어필하지 않아서 적극
성 평가에서 낮은 점수를 받는 경우도 있다.
예를 들어서 영어로 한마디만 해보라고 했을 때, 할 수 있는
수준에서 아무 말이라도 했다면 외국어 능력과 적극성에서
1~2점이라도 점수를 줄 수 있지만, 못한다는 이유로 영어
를 한마디도 하지 않는다면 0점을 줄 수밖에 없다. 그렇게
얻지 못한 1~2점의 차이로 면접에서 떨어지는 경우도 있다.

반대로 내가 했던 작은 실수들이 모두 다 평가되지 않을 수도 있다. 체크박스에 체크를 하고 자세하게 적을 만한 시간이 없다. 그래서 한 가지에서 실수를 한다고 다른 영역까지 낮은 점수를 주지는 않는다. 특정 질문에 답변을 못했다고 자신감 점수까지 깎을 수는 없다.

그러니 대답을 못 하거나 실수를 했어도 이미 불합격했다고 생각하거나 포기하지 말아야 한다. 실수를 했어도 다른 부분에서 남들보다 잘하면 합격할 수 있다.

## 12

# 이 글을 읽으면 면접 합격이 눈앞에!

언젠가는 최종 합격을 하겠다는 의지를 갖고 면접과정을 머릿속에서 시뮬레이션 해봐야 한다. 합격하는 모습을 머릿속에 자주 그리는 것 또한 동기부여가 된다. 앞으로 독자 여러분들이 겪게 될 상황이다.

(1) 서류전형, 인적성 검사를 보고 나서 면접 합격 결과를 문자/이메일/전화로 받게 된다.

(2) 연락이 올 때 유형은 크게 2가지이다.
    면접 날짜를 정해주는 경우와 면접 가능 날짜를 물어보는 경우. 날짜를 조율할 수 있으니 면접 예상 날짜를 미리 확보하자.

(3) 홈페이지 또는 취업카페를 검색해서 면접 유형을 철저히 파악. 취업스터디를 같이했던 사람이 있다면 연락해서 정보를 교환하자.

(4) 면접 안내 시: 날짜, 시간, 장소, 복장, 대략적인 면접 내용과 준비해야 할 것(제출서류, 건강검진 등)들을 같이 안내(신분증 필수 지참).

(5) 회사명과 면접 장소, 지원 부서, 연락처를 정확하게 확인. 사고 등 부득이한 상황에 연락할 번호와 주소 등 정확하게 확인하고 면접장소로 출발한다.

면접 정보를 안내해주지 않는다면 지원자가 물어봐야 한다. 정확하게 파악하고 준비하는 것이 정말 중요하다. 요즘에는 정장 대신 자율복장으로 면접을 보는 경우가 많아져서 회사에서 요구한 복장도 확인을 해야 적절한 복장으로 면접을 볼 수 있다.

(6) 면접 때가 되면 장거리의 경우 전날에 회사 근처에서 하룻밤을 쉬고 다음날 일찍 보는 경우가 많다. 오후에 면접일지라도 미리 해당 지역에 가서 편하게 기다리는 것이 좋다.

(7) 면접장에는 미리 최소 10분 전에 도착하자.

면접에 늦은 것은 단순히 지각이 아니다. 회사와 면접이 지원자에게 중요도를 나타내는 것이기 때문이다. 거울도 보고, 복장 점검(명찰, 넥타이, 구두끈), 헤어 점검도 해보자. 그리고 준비해온 내용들을 보면서 나의 이미지를 최종 점검하자. 목소리와 태도를 면접 때처럼 맞춰서 몸에 익히자. 긴장해서 평소의 표정이 안 나올 수 있으므로 계속해서 연습한다.

(8) 면접장에 도착하면 인사과나 선배들이 나와서 안내를 해줄 것이다. 안내해주는 분에게 본인이 왔음을 알리고 다시 한번 집합시간을 확인한다. 명찰이 있다면 받아서 균형 있게 패용한다. 제출해야 하는 서류가 있다면 면접 전에 미리 제출하자. 또 선배들이 말하는 스타일, 복장, 회사 전체의 분위기를 보면서 면접 분위기를 예상해본다.

(9) 미리 화장실 다녀오고 휴지 등을 챙겨두자. 혹시 모르니 옆에 있는 지원자와 연락처도 교환해두는 것이 좋다. 단체로 이동할 수 있으니 그중에 한 명의 연락처는 꼭 알아둬야 하고 나중에 결과를 공유하기에도 편하다.

그리고 아는 사람이 있는지를 살피고 아는 사람이 있으면 같이 말하며 긴장을 풀고 입을 풀자. 아는 사람이 없다면 열심히 하고 뜻이 맞을 것 같은 지원자와 친해져라. 친한 사람이 있다는 것이 큰 힘이 된다. 입을 풀어두는 것과 그렇지 않고 바로 면접장에 들어갔을 때의 컨디션은 아주 큰 차이가 난다. 반드시 핸드폰을 끄거나 무음으로 전환해둔다.

(10) 면접장에 들어가서는 많은 생각을 하면 안 된다.

복잡한 생각을 하게 되면 자연스럽게 인상을 쓰게 된다. 표정이 안 좋아지도록 하면 안 된다. 나의 표정은 나의 의도에 의해서 정해져야 한다. 나도 모르는 사이에 부정적인 표정을 짓고 있으면 안 된다.

(11) 면접장에서 나오면서도 조심히 나오고 건물 밖으로 나오기 전까지 입조심하고 눈에 띄는 행동을 하지 말자. 웬만하면 핸드폰 사용도 자제하자. 지원자라고 믿었던 사람 중에 직원이 있을지도 모른다. 면접이 끝나고 혹시 추가로 제출해야 하는 서류가 있는지를 확인하고 면접비를 주면 받아온다.

(12) 면접 합격 발표 후에 신체검사까지 통과하면 최종 합격 통보를 받고 주변의 축하를 받으며 예정된 입사일에 입사한다!!

Level

02

면접 연습

## 면접

회사로서도 유능한 인재를 확보하기 위한 중요한 투자이고 지원자로서도 자신의 모든 능력을 발휘해서 취업의 마지막 관문을 통과해야 하는 중요한 시험이다. 그러므로 면접 전에 자신이 지원한 기업에서 어떠한 방식으로 면접을 하고 있는지 알아보고 어떤 것을 준비해야 하는지 제대로 파악한 후에 그것에 맞게 연습을 해보면서 실력을 키우고 실전면접을 준비해야 한다.


수학 공부를 할 때
수학 공식 외우기 – 쉬운 수학 문제 풀기 – 어려운 문제 풀기

면접을 준비할 때
면접 이해 – 모의면접 – 실전면접
**순서로 준비한다.**


면접에 대한 개념과 대처 방법을 모르고, 배우지 않은 채 모의면접부터 준비하면 시간도 오래 걸리고 이해하기도 힘들다.

눈치 + 배려 + 적응 + 공감 + 역량 + 배경지식이 필요하다.

직장에서 업무를 하다보면 여러 가지 상황이 생긴다. 일상적인 상황도 있고 한 번에 여러 상황이 겹치거나 모든 직원이 처음 겪어보는 상황도 있다. 그런 상황에 같이 대비할 수 있는 구성원이 필요하다. 그리고 혼자 힘으로 해결해나갈 수 있는 사람이 필요하다. 상황 파악과 문제 해결에는 다양한 능력과 이해력이 요구된다.

⑴ 상황 파악: 분석 + 판단 + 공감 + 배경지식
⑵ 문제 해결: 배려 + 적응 + 역량 + 배경지식

상황 파악을 위해서는 지속적으로 주위를 둘러보며 노력을 해야 한다. 변화가 포착되면 먼저 상황을 짐작하고 원인과 흐름을 알기 위해 노력해야 한다. 그것은 배경지식이 있어야 할 수 있고 내 문제가 아닐지라도 같이 해결하려는 공감이 필요하다.
상황이 파악되었다면 해결해야 한다.

# 기업의 주요 인재상

고객 인식, 개방성, 고객욕구 파악, 고객가치 창출, 고객중심, 새로운 가치 창출, 글로벌 전문가, 고객과 함께, 기술혁신, 능력, 나눔, 도전정신, 동반성장, 목표, 미래지향적 사고, 열린 문화, 열린 마음, 열린 머리, 변화 주도, 바름, 비전, 성과창출

섬김, 상호협력, 소통, 신념, 순수, 사업 전문가, 사랑, 실행력, 신뢰, 신선한, 안전, 업무 전문가, 열정, 올바른, 용병, 역량, 의지, 의사소통, 양성, 인성, 성숙한 인격, 존중, 정정당당, 자기 계발, 즐거운, 전문역량, 직업의식, 자람

적극적, 지속가능 관계, 정도경영, 정직, 전문성, 자기 주도, 정도와 원칙을 지키는 인재, 저비용, 충직, 창조, 칭찬, 창의적인 열정인, 체계적 방법, 창조적 예지, 강인한 추진력, 친근한, 창의력, 커뮤니케이션, 팀원, 팀워크, 프로정신, 열린 행동, 학습, 행복, 혁신, 협업, 화합하는 협력인

# 1

## 면접스터디 그룹장이 되기 위한 기본 지식

면접 모니터링에서 중요한 것이 면접관 역할이다.

면접관으로서의 면접을 지도할 수 있으면 스터디 그룹의 단골 면접관 역할을 할 수 있다. 면접관의 입장을 떠올리며 배워보자.

책의 처음에 있는 체크리스트를 같이 보면서 지원자의 실력이 향상 되도록 도와주자.

모의면접을 시작해보자.

(1) 지원자와 면접관을 나눈다. 번갈아가며 역할을 교대한다.

(2) 면접관의 정확한 피드백을 위해서 일대일 또는 다대일로 지원자가 너무 많이 배치되지 않도록 한다.

(3) 항상 녹화나 녹음을 하자. 첫 녹화 동영상은 연습 후에 얼마나 성장했는지를 말해준다.

(4) 녹화를 하고 면접 동영상을 같이 보는 시간을 갖는다. 거울을 보면서 하는 지원자도 간혹 있지만 말을 하는 동시에 내 모습을 평가하려면 힘들다. 면접 연습을 하든 평가를 하든 하나만 해야 한다.

(5) 실제 면접이라고 생각하고, 촬영 중간에 갑자기 끊어서는 안 되며, 면접관 역할의 리드에 따라 진행한다.

중간에 막히거나 실수를 하더라도 "아! 다시 할래" 또는 "잠깐 생각 좀 해보자" 등의 말과 행동으로 면접 중인 상황, 분위기를 깨버리거나 녹화 도중에 동영상을 중단하지 마라. 잘 되지 않을 때 대처하고 적응하는 연습을 하지 않는다면 실제 면접에 가서도 적응을 하기 힘들다. 당황스러울 때 대처할 수 있는 좋은 기회를 놓치지 말자. 좋은 습관을 만들면 면접 때도 자연스럽게 나온다.

(6) 웃거나 밝은 분위기는 괜찮지만 면접 분위기에 어긋나는 장난스러운 행동을 하면 안 된다.

(7) 면접관은 최대한 면접관의 입장에서 평가하고 면접관과 비슷한 느낌을 주려고 노력한다.

(8) 너무 긴 시간 동안 면접을 진행하거나(최대 7분 이내) 너무 많은 추가 질문을 하지 않는다.

(9) 난이도를 잘 조절하여 면접 연습이 잘 될 수 있도록 해야 한다.

(10) 면접과 면접 사이에는 피드백(연습 동영상 시청, 잘못된 부분 수정)을 꼭 가지며 잘 고쳐지지 않는 부분을 집중적으로 연습한다. 문제집을 풀 때 채점하고 답을 확인하고 다음으로 넘어가는 것과 같다. 그렇지 않으면

잘못된 곳을 알 수 없어서 실수를 반복하게 된다. 지원자가 수정할 수 있는 시간(최소 1분)을 따로 주자.

(11) 면접 중간에는 피드백하지 않으며, 내용에만 치중하지 말고 시각적인 요소와 청각적인 요소를 같이 평가한다.

(12) 끝에 있는 면접관도 들을 수 있는 정도의 소리로 해보자. 대답을 할 때는 평소에 둘이서 대화하던 목소리보다 조금 크게 하자. 연습 때는 작게 하다가 갑자기 면접에서만 큰 소리를 내려고 하면 인상을 쓰게 되어서 오히려 안 좋은 평가를 받게 된다.

(13) 피드백을 할 때에는 잘 못하고 있는 부분뿐만 아니라 앞으로 개선해야 할 것도 조언해줘야 한다.

(14) 지원자는 본인의 주장을 하기보다 면접관의 눈에 보인 본인의 모습과 면접관의 관점을 존중해준다.

(15) 직설적으로 말하면 듣는 사람이 기분이 상할 수는 있지만 면접을 위해서 말해줘야 한다. 괜찮다면서 그냥 넘어가면 그 친구는 잘못된 점을 고칠 수가 없다. 피드백을 해주는 친구도 전문 면접관은 아니기 때문에 책을 보거나 전문가의 도움을 받으면서 준비해야 한다.

(16) 한 번에 너무 큰 효과를 기대하지 말고, 잘하지 못한다고 창피를 주거나 면박을 주면 안 된다.

(17) 본인의 카메라로 촬영을 해서 처음에 녹화한 비디오와 연습 후에 달라진 모습을 비교해본다.

(18) 지원자를 평가해보고 그렇게 평가한 이유를 작성해보자. 본인에게도 똑같은 기준을 적용시켜서 평가해보자. 처음 연습할 때는 내용에 신경 쓰지 말고 태도와 말투, 방법, 표정, 목소리, 반응, 속도, 방향 등을 먼저 연습하자.

(19) 인터넷에 다른 면접 영상들을 보면서 본인이 원하는 태도, 말투, 목소리, 속도 등을 정해두고 그것에 맞게 답변을 해본다. 지원자를 피드백 하다 보면 계속 내용을 중요시하여 내용 외적인 것을 놓친다. 그러나 다른 것들이 연습되면 내용은 쉽고 자연스럽게 나아진다. 그래도 계속 내용이 신경 쓰인다면 녹화를 하고 음소거한 상태로 본인의 표정과 태도를 보고 판단해보자.

(20) 지원자와 면접관의 역할을 바꿔서 해본다. 면접관을 해보는 경험이 필요하다.

## 2

## 면접 준비에 꼭 필요한 경험을 골라서 해라

면접 연습을 하다보면 경험의 부족으로 막히는 부분이 생긴다. 그리고 답변이 안되는 부분을 찾아서 경험을 더 해야 한다. 필자는 경험을 통해서 <장교로 군 생활, 꾸준한 글쓰기, 통역 봉사활동, 해외 경험, 독서, 아르바이트, 교수님과 상담, 면접 연습, 일본 무전여행, 외국인 친구>라는 키워드를 가질 수 있었다. 하나의 질문에 답변을 할 수 있는 경험보다는 다음 키워드로 연결할 수 있는 경험을 해야 한다. 아래의 그림은 이상적인 모습이지만 전부 연결될 필요는 없다. 연결이 많을수록 답변이 자유롭기 때문에 연결고리를 찾는 것이 중요하다. 필자의 경험을 보면 서로 연결이 잘 되어 있다는 것을 발견할 수 있다.

어떻게 연결되는지 보자.

"필자가 '일본에서 무전여행'을 한 적이 있다. 일본에 가서 '아르바이트'를 하면서 돈을 벌려고 했지만 그게 되지 않았고 '해외 경험'을 많이 했다. 그러면서 상황과 느낀 점을 '기록'했고 그 기록들은 '장교로 군 생활'을 할 때 큰 도움이 되었다. 또 일본어를 배워서 '일본어 통역봉사'를 할 수 있었고 말을 하다 보니 '면접 연습'이 되었다. '교수님이 상담' 해주신 대로 전공 외에도 다양한 경험이 중요하다는 생각이 들었다."

키워드의 개수가 많을수록 연결이 훨씬 수월하다. 만약에 없으면 만들어야 한다. 이렇게 면접 연습을 한 지원자라면 특별한 상황이 주어졌을 때 연결할 수 있는 키워드를 하나라도 더 만들기 위해서 노력할 것이다. 원래 기록을 잘 하지 않더라도 기록이라는 키워드를 만들기 위해서 기록을 남겨야 한다.

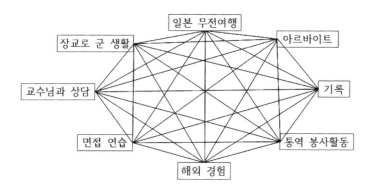

위의 그림처럼 서로 연결이 될 만한 경험들, 그리고 연결시킬 수 있는 스토리를 만들어야 한다. 위의 형태를 염두에 두

면서 경험을 하면 이력서 한 줄보다는 그 경험을 어떻게 다른 키워드로 연결시킬지 생각하면서 할 수 있다. 만약에 스트레스를 받을 때 해소하는 방법이 없다면 지원자가 자신 있는 키워드와 관련해서 스트레스를 해소할 수 있는 방법을 찾아보고 직접 해보자.

그런 과정을 통해 면접에서 답변하는 데 어려움이 없어진다.

# 3

## 내가 원하는 질문을 하게 만들어라

앞에 소개한 그림처럼 경험을 쌓고 서로의 연결고리를 만들어 내가 원하는 대화로 이끌어갈 수 있다. 이 방법은 취업에 성공하는 정말 좋은 방법이며 지원자들이 일상생활에서 할 수 있는 방법이다. 간혹 주변의 시선을 받거나 대화를 본인의 관심사로 자연스럽게 이끌어가는 사람을 본 적이 있을 것이다. 이런 방법은 면접에서 정말 유용하게 쓰이고, 필자는 그것을 잘 활용해서 큰 효과를 보았다. 어떻게 대기업에 갔는지 노하우를 배워보자.

필자는 지방대 졸업, 성적은 낮고, 토익점수도 없고, 전공 자격증, 전공 공모전 경험, 실험실 경험도 없어서 약점으로 잡힐 부분이 굉장히 많았고 압박을 당하면 빠져나올 수 있는 대안이 없었다. 그래서 전공 쪽으로 주제가 나오면 아는 것도 할 말도 별로 없다. 대신 필자는 해외여행, 아르바이트, 다양한 경험, 군 생활, 봉사활동, 교내활동을 다양하게 했다.

어떤 식으로 면접에서 내가 하고 싶은 주제를 골라서 할 수 있는지 보자.

예를 들어서

**Q0. 면접관: "지원자는 왜 이렇게 전공 성적이 낮죠?"**
**A0. 지원자: "제가 대학교에 들어가서 처음에 공부를 열심히 했으나 성적이 좋지 않았습니다. 그래서 '교수님'과 상담을 했는데 교수님께서 제가 잘 하는 '봉사활동'과 '해외 경험'을 많이 하면 오히려 남들이 부족한 부분을 제가 채울 수 있다고 말씀하셨습니다. 그리고 그렇게 가게 된 '미국'에서 다양한 경험을 하고 '공부 외에도 제가 배울 수 있는 것'이 많다는 것을 느끼게 되었습니다."**

이렇게 답을 하면 전공 성적으로 질문을 했지만 나는 답변에서 '교수님, 봉사활동, 해외 경험, 미국, 공부 외에 배울 수 있는 것'이라는 새로운 키워드를 꺼냈다. 그 후에 면접관은 내가 말했던 키워드 중의 하나를 떠올리며 추가 질문을 하게 된다. 답을 들으면서 의외라고 생각되는 것, 흔하지 않은 것, 추가적으로 궁금한 것을 질문하게 된다.

추가 질문으로 예상되는 질문 몇 가지를 만들어보자.

Q1.면접관: "'교수님'과 친하게 지내셨나 보네요?"

A1.지원자: "교수님과 자주 '소통'을 했기 때문에 저를 특히 예뻐하셨습니다. 저는 저보다 나이가 많고 '사회경험'이 많은 분들을 굉장히 좋아하고 존경합니다. 특히 제가 '○○기업의 면접'을 준비할 때 교수님께 찾아가서 면접관 역할을 요청드렸고 교수님께서는 제가 '준비하는 모습'을 보시고 열심히 '잘한다며 칭찬'해주셨습니다."

Q2.면접관: "하셨던 '봉사활동 사례' 좀 소개해주세요."

A2.지원자: "저는 봉사활동중에 국제규모의 행사에서 '영어, 일본어, 중국어 통역'을 했었고 'VIP 의전', '자원봉사자 관리 업무'를 했습니다. 짧은 기간이었지만 '여러가지 업무'를 하면서 '다양한 입장'을 경험할 수 있었고 언어의 차이를 넘어 '남을 이해하고 또 이해시키는 것'이 중요하다는 것도 배웠습니다."

Q3.면접관: "'해외 경험'은 어떻게 하게 되었고 무엇을 배웠는지 말해주세요."

A3.지원자: "대학교에 다닐 때부터 '외국인 친구'가 많았습니다. 학원에서 외국어를 배울 '형편이 되지 않았기' 때문에 외국인 친구들과 어울리면서 '한국어와 한국문화'를 가르쳐주고 저도 영어를 배웠고 '통역 자원봉사'까지 할 수 있었습

니다. 그 후에는 미국이나 일본 등의 나라에
가서 ‘언어 공부’를 하고 ‘무전여행’을 하기도
했습니다.”

Q4.면접관: “‘미국’에 가서 무엇을 배웠나요?”
A4.지원자: “미국에서 돌아오기 전까지 ‘영어’를 꼭 배우
겠다는 ‘목표’를 세웠습니다. 큰 나라에 가서
‘적응’을 하고 ‘글로벌 마인드’를 배웠고 영어
를 배우기 위해서 ‘처음 보는 외국인’들과 대
화를 하면서 ‘자신감’을 얻었습니다.”

Q5.면접관: “‘공부 외에 배울 수 있는 것’은 어떤 것이었나요?”
A5.지원자: “앞에서 말씀드렸던 ‘해외 경험’, ‘언어 공부’,
‘아르바이트’, ‘봉사활동’ 외에도 저의 부족한
부분을 채우기 위해서 ‘독서토론’, ‘동아리 활
동’, ‘책을 통한 간접경험’을 많이 해왔습니다.
처음에는 ‘단점을 극복’하기 위해서 했던 것들
이 이제는 저의 ‘장점’이 되었습니다.”

Q6.면접관: “우리 회사가 지원자를 뽑아야 하는 이유가
무엇인가요?”
A6.지원자: “저는 군 생활을 하면서 ‘현장’에서 ‘관리업무’
를 해왔습니다. 매일 전 ‘인원과 실적’을 관리
하였습니다. 그러면서 크고 작은 ‘이슈’들이 있
었고 그것을 ‘해결’하면서 저만의 ‘노하우를 노

트'에 작성하고 체득했습니다. 그동안 작성한 저의 노하우 노트를 활용해서 입사 후 '업무 매뉴얼'을 만들고 실적 향상을 위해서 '건의 및 개선'하도록 하겠습니다."

이렇게 키워드를 섞어서 답변을 하면 내가 원하는 키워드로 이끌어갈 수 있다. 면접이 진행될수록 점점 질문할 키워드가 떨어지면 면접관은 새로운 질문을 생각해야 하고 회사에서 준비한 질문이나 지원자가 원하지 않는 방향의 질문을 하게 된다. 면접관도 지원자가 답한 키워드를 따라서 자연스럽게 질문하는 것이 편하다. 계속해서 키워드를 제시해서 끊이지 않는 대화가 될 수 있도록 한다.

면접 내내 계속 추가 질문만 하면서 편하게 답변할 수 있다. 만약에 첫 질문부터 면접관이 압박을 하기 위해서 낮은 전공 성적을 질문했다면 ▶ A0로 답을 하고 키워드는 '교수님, 봉사활동, 해외 경험, 미국, 공부 외에 배울 수 있는 것'이 된다.

① 키워드 중에 Q1의 교수님과 관계를 질문 ▶ A1의 '소통, 사회경험, ○○기업의 면접, 준비하는 모습, 잘한다며 칭찬'의 키워드를 말하면서 다음 추가 질문으로 연결된다.

이렇게 계속 연결하면 면접관이 나의 부족한 부분으로는 눈길을 돌리지 못하게 할 수 있다.

② 어떤 준비를 하셨나요? ▸ A5의 키워드 '해외 경험, 언어 공부, 아르바이트, 봉사활동, 독서토론, 동아리 활동, 책을 통한 간접경험, 단점을 극복, 장점'

③ 해외 경험을 질문 받으면 ▸ A3으로 가서 '외국인 친구, 형편이 되지 않았음, 한국어와 한국문화, 통역 자원봉사, 언어 공부, 무전여행'

특히 경험이 부족하거나 다양한 질문에 답변하기 어려우면 말하지 않아도 되거나 매끄럽지 않은 키워드라도 자연스럽게 연결해도 된다. 필자의 경우에는 경험을 만들기 위해서 일부러 친한 외국인 친구와 면접 경험에 대한 대화를 나누기도 하였다.

필자가 실제 면접을 봤을 때, 업무 매뉴얼을 위한 답변으로 준비했던 기록하는 습관을 예상하지 못했던 질문인 '스트레스'에 대한 답변으로 사용되었다.

위의 면접관의 추가 질문에 대한 답변 방향은 원하는 대로 키워드를 넣을 수 있다. 답변을 잘할 수 있는 방향을 미리 생각하고 자신 있는 키워드 쪽으로 면접을 리드해야 한다. 굳이 말하지 않아도 되거나 연결이 매끄럽지 않더라도 새로운 키워드를 제시해도 된다.

필자가 실제 면접을 봤을 때, 업무 매뉴얼을 위한 답변으로 준비했었던 기록하는 습관을 예상하지 못했던 질문인 '스트레스'에 대한 답변으로 사용되었다.

> **Q7.면접관:** "스트레스를 받을 때 어떻게 해결하나요?"에 대한 답변으로
> **A7.지원자:** "저는 제가 원하는 목표에 도달하지 못했을 때 스트레스를 받는 편입니다. 스트레스를 받을 때는 스트레스의 원인과 내용을 기록하고 그때의 감정과 각오를 기록하고 나태해질 때, 다시 꺼내서 보고 동기부여를 합니다"라고 답변했다.

그런데 그 후에

> **Q8.면접관:** "꾸준하게 해온 것이 있나요?"라는 질문에도
> **A8.지원자:** "중학교 때부터 꾸준히 책을 써왔습니다. 주변의 친구들에게 공부를 가르쳐주고 효율적으로

**공부하는 방법을 작성한 책이 있습니다.**"

이처럼 꾸준하게 해온 것이 생각나지 않아서 준비했던 답변을 2번 사용해서 위기를 모면했던 경험이 있다. 필자의 예시처럼 몇 개의 답변 유형이 준비가 되어 있다면 질문을 들으면서 준비한 대답과 어떻게 연결이 될 것인지를 쉽게 생각할 수 있고, 순조롭게 원하는 키워드로 면접을 볼 수 있다.

이렇게 하기까지는 많은 연습과 모의면접을 해봐야 한다. 또 답변을 하면서 추가 질문에 대한 키워드를 계속 연결하면서 답변해야 하는 어려움이 있다. 반대로 너무 키워드 연결만 생각하다가 답변 자체가 어려워지면 안 된다.
또 여기서 전제조건은 내가 원하는 키워드를 만들기 위해서 다양한 경험을 하고 시간과 노력을 들여야 한다. 면접에서 자주 나오는 질문들을 보고 나의 어떤 경험과 연결을 시키면 좋을지 생각하고, 경험을 할 때도 내가 부족한 것이 무엇인지를 생각해서 선택적으로 경험해야 한다.

# 4

## 답변에서 불필요한 반복을 피하고 싶다면

면접에서 답변을 할 때 어색하고 확신이 없으면 이미 답변한 내용을 계속 생각하게 된다. 그러면서 전에 했던 말을 반복하거나 수정하려고 한다. 예를 들면

ⓐ 저는 어렸을 때부터 다른 사람과 대화하는 것을 굉장히 좋아하였습니다. ⓐ' 어렸을 때부터 다른 사람과 대화하는 것을 굉장히 좋아했던 저였기에 ⓑ 많은 사람과 대화를 하면서 자라왔습니다.
ⓑ' 많은 사람과 대화를 하면서 자라다 보니 사람들과 어울리는데 거리낌이 없고 많은 것을 배울 수 있었습니다.

앞의 ⓐ와 ⓐ', ⓑ와 ⓑ' 총 2군데가 반복되고 있었다. 대명사와 접속사를 적절히 사용해서 같거나 비슷한 문장을 반복하면서 말이 길어진다.

ⓐ 저는 어렸을 때부터 다른 사람과 대화하는 것을 굉장히 좋아하였고 ⓑ 많은 사람과 대화를 하면서 자라왔습니다.

<u>그래서</u> 사람들과 어울리는데 거리낌이 없고 많은 것을 배울 수 있었습니다.

반복되는 것을 줄이자 내용이 훨씬 매끄럽고 시간도 단축되었다. 그렇게 아낀 시간을 다른 것을 어필하는 데 쓸 수 있다.

이번에는 5군데가 반복되었다.

저는 ⓐ <u>긍정적입니</u>다. 저의 이런 ⓐ <u>긍정적인 성격</u>은 많은 것을 ⓑ <u>도전</u>할 수 있게 해주었습니다. ⓑ' <u>도전</u>했던 사례로는 ⓒ <u>자원봉사 활동</u>을 예로 들 수 있습니다. ⓒ <u>자원봉사</u>를 하며 ⓓ <u>많은 경험</u>을 하였고 ⓔ <u>지금의 역량</u>을 갖추게 되었습니다. ⓓ' <u>다양한 경험</u>을 통해서 ⓔ' <u>제가 배운 역량</u>은 배려와 성실함입니다.

이번에는 반복되는 단어만 찾아도 쉽게 알 수 있다. 단순히 단어가 반복되었기 때문에 어색하다는 것이 아니라 단어를 반복하지 않고, 분량을 줄일 수 있으므로 비효율적이라는 것이다. 그러면 어떻게 줄일 수 있는지 보자.

저는 ⓐ <u>긍정적이기 때문에</u> 지금까지 자원봉사 등 많은 것을 ⓑ <u>도전</u>할 수 있었습니다. ⓒ <u>자원봉사</u>를 하며 ⓓ <u>많은 경험</u>을 하였고 배려와 성실함이라는 ⓔ <u>역량</u>을 갖추게 되었습니다.

답변을 하다가 다음 할 말이 생각나지 않으면 시간을 때우기 위해서 했던 말을 또 하게 되는데 그 습관이 고쳐지지 않는다면 할 말을 빨리 생각하고 답변하는 연습을 해야 개선된다.

# 당황스러운 상황에 대처하는 멘트를 꼭 준비해라

면접은 열심히 준비한 곳보다 준비 안 하고 생각지도 못한 부분에서 실력이 드러난다.

면접에서 겪을 수 있는 몇 가지 돌발상황이나 어떻게 해야 할지 모르는 상황을 생각해보자.

(1) 갑자기 아무 생각이 나지 않을 때

(2) 마지막으로 하고 싶은 말 있냐고 물어볼 때

(3) 대답을 했는데 틀렸을 때

(4) 내가 말한 사실을 면접관이 안 믿을 때

(5) 내가 답변하는 내용에 면접관이 강하게 반대할 때

(6) 질문의 내용을 잘못 알아듣고 다른 대답을 했을 때

(7) 내가 말한 답변을 면접관이 잘못 알아들었을 때

(8) 면접에 늦었을 때

(9) 질문을 받았는데 무슨 뜻인지 전혀 모를 때

(10) 나에게 전혀 질문을 안 할 때

(11) 자기소개를 시간제한 없이 시킬 때

(12) 대답을 마쳤는데 면접관이 말없이 나를 바라보고 있을 때

(13) 면접관의 압박이 느껴질 때

(14) 같이 면접을 보는 다른 지원자에게 돌발상황이 발생했을 때

(15) 내가 말한 내용이 이력서나 자기소개서와 다를 때

(16) 내가 알고 있었던 회사의 정보가 틀렸을 때

(17) 생각할 시간을 벌어야 할 때

(18) 모르는 단어가 있을 때

(19) 배가 엄청 아프거나 일시적으로 면접을 진행시키기 힘들 때

(20) 답변을 하다 보니 질문과 다른 방향으로 대답을 하고 있을 때

(21) 기타 다양한 당황스러울 때

이럴 때에 어떻게 할지 생각하고 상황 재현을 미리 해보자. 면접을 본 경험이 없다면 상황 떠올리기 힘들지만 21개의 상황에 맞게 친구와 같이 연습해보자. 상황에 대한 대처는 필자의 의견을 무조건 따르기보다도 스스로 생각해봐서 가장 자연스럽고 지원자에게 어울리는 행동이나 말을 하는 것이 좋다. 필자도 상황마다 다르게 행동한다. 왜냐하면 아는 것으로 준비가 되는 것이 아니고 그 상황에 처했을 때 직접

행동으로 해야 하기 때문에 각자 상황에 맞게 판단하는 것이 좋다.

위에 제시된 상황 중에 필자의 기준으로 몇 가지를 말을 해보자.

## (1) 갑자기 아무 생각이 나지 않을 때

그때에 기억해야 할 것은 꼭 처음 답변하려던 것을 생각해내지 않아도 된다는 것이다. 우선 표정과 자세를 바로잡고 한 박자 쉬고 정신을 가다듬어 대답하는 것이 좋다. 갑자기 생각이 안 난다고 나의 역량이 줄어드는 것이 아니기 때문에 조급할 필요 없다. 조급함으로 인하여 표정관리를 못 하거나, 엉뚱한 대답을 하게 되면 안좋은 평가를 받을 수 있기 때문이다. 최대한 생각 나지 않는 티를 내지 않고 말하려던 것과 다른 답변을 자연스럽게 하면 된다.

예를 들어 자기소개에서 본인의 강점, 성장배경, 지원동기를 간단하게 말하려고 했는데 강점을 말하지 못했다면 당황하지 말고 성장배경, 지원동기만 말해도 좋다. 그리고 다음 질문에서 자연스럽게 강점을 답변해도 좋다. 상대방은 내가 원래 하려던 말이 무엇인지 모른다. 면접이든 회사생활에서든 내가 하고 싶은 말을 하는 것 보다는 상대방이 듣고 싶은 말을 해주는 것이 중요하다.

## (2) 마지막으로 하고 싶은 말 있냐고 물어볼 때

준비가 되지 않은 상태에서 갑자기 답변하게 되면 주제가 정해져 있지 않기 때문에 정확한 내용을 전달하기 어렵다. 그래서 미리 준비한 경우가 아니라면 할 말이 없는데 분위기에 휩쓸려서 갑자기 하면 안 된다. 꼭 하고 싶다면 남들보다 먼저 짧게 해라.

반대로 열심히 준비했으나 답변 기회가 없을 수도 있다. 그래도 괜찮으니 미리 준비해라. 그리고 대답을 잘했다고 큰 이득은 기대하면 안 된다. 특히 면접을 시작하면서 자유주제의 답변을 하게 될 경우는 처음부터 긴장하게 되어 면접이 종료될 때까지 그러한 긴장이 유지가 될 수 있으니 고민이 된다면 안 하는 게 낫다. 또 대체로 자유로운 질문을 하는 사람은 면접관 중에 영향력이 큰 면접관일 가능성이 높다.

## (5) 내가 답변하는 내용에 면접관이 강하게 반대할 때

답변을 하다 보면 주관적인 의견을 말하거나 실제 사례를 말하게 되는데 이럴 때 나의 의견에 강하게 반대의견을 제시하는 면접관이 있을 수 있다. 그런 경우는 면접관의 본인 의견보다는 면접의 과정인 경우가 많다. 내가 다른 의견을 말했어도 반대했을지도 모른다.

그럴 때에는 절대로 긴장하지 말고 면접관의 의견을 받아들이자. 다만 반대의 의견과 비판도 받아들이고 고칠 수 있다는 것을 보여주는 것이다. "저는 이렇게 생각했었는데, 그렇게 생각할 수도 있겠습니다" 또는 "면접관님 말씀을 들어보니 그게 맞는 듯합니다"라고 하는 것도 좋은 선택이다. 물론 회사생활 전체를 그렇게 하라는 것은 아니고, 면접에서는 해야 한다는 것이다.

## (21) 기타 다양한 당황스러운 상황

이러한 상황에서 항상 생각해야 할 공통적인 것은 이미 문제가 발생했고 그 부분이 그렇게 치명적이지 않다고 생각하는 것이다. 즉, 멘탈 관리가 정말 중요하다. 끝날 때까지 끝난 것이 아니다. 지원자에게 상황을 해결할 수 있는 능력이 있다고 해도 당황한 모습을 보인다면 나의 능력을 발휘할 기회를 주지 않는다. 면접에서 그런 상황에 놓인다면 지금 읽은 이 내용을 기억하며 '당황하지 않은 척!' 해보자.

면접 준비를 할 때 본인의 멘트 하나씩은 꼭 준비하자. 멘트는 긴박한 순간에 나를 도와줄 것이다. 멘트를 해서 침묵이 깔리는 것을 막아야 한다.


- 시간을 끌 때: 잠시만 생각할 시간을 주시겠습니까?
- 추가 질문이 들어올 것 같거나 어필하고 싶은 내용이 있을 때: 조금 더 말씀을 드리자면…
- 당장 답변이 생각나지 않을 때: 지금 당장은 정확하게 생각나지 않지만…
- 잘 기억이 나지 않을 때: 구체적으로는 기억이 나지 않지만 그때 느낀 점과 배운 점을 말씀드릴 수는 있습니다.
- 면접관이 실수를 지적할 때: 죄송합니다. 제가 긴장해서 말실수를 했던 것 같습니다.
- 답변을 하다 보니 무언가 빠뜨리고 답변한 느낌이 들 때, 면접관의 표정이 다른 것을 원하고 있는 것 같을 때: 제가 더 답변 드려야 할 내용이 있을까요? / 제가 질문에 답변하지 않은 것이 있나요?

- 더 설명해야 하는 부분이 있는데 지루해 보일 때: 제가 추가적인 설명을 드려도 괜찮을까요? / 구체적인 내용이 있는데 설명 드리고 싶습니다.

위의 내용들은 샘플이다. 그대로 따라 하지 말고 본인의 언어습관에 맞는 멘트를 만들어서 연습해야 한다. 외운 것을 그대로 하면 실수를 하게 되므로 습관이 되도록 연습하고 면접에서는 키워드를 떠올리며 자연스럽게 대처하자.
또 면접관들의 상태와 면접 전체의 분위기를 빠르게 파악해서 준비한 것 중에 가장 어울리는 말투와 멘트를 고르자. 면접관이 어떤 멘트를 들었을 때 마음이 편안할지 생각하자.

## 6

## 잘 키운 사례 하나, 열 사례 안 부럽다

**(1) 장점의 개수가 많다고 좋은 평가를 받는 것은 아니다.**

다음의 예시를 살펴보자.

**잘못된 예시)**

저의 장점은 정말 많습니다. 어렸을 때부터 가져왔던 ① 강인한 정신력, ② 다른 사람과 쉽게 친해질 수 있는 사교성, ③ 인내심, ④ 맡은 일은 끝까지 해내는 책임감을 가졌습니다.

**잘된 예시)**

저는 다양한 사람과 쉽게 친해질 수 있는 ① '사교성'을 갖고 있습니다. (1초 쉬고) 저는 책을 많이 읽었고 다양한 아르바이트 경험이 있습니다. 이러한 경험을 통해서 여러 사람을 만났고 다양한 사람들의 입장을 쉽게 이해할 수 있게 되었습니다. (1초 쉬고) 덕분에 지금은 낯선 사람을 만나는 자리에서도 쉽게 가까워질 수 있게 되었습니다.

잘못된 예시의 지원자의 장점이 더 많지만 4개의 장점은 기억조차 하기 힘들다. 하나의 장점이라도 행동과 사례를 말해서 이미지화해야 한다. 또 성격의 단점 질문 외에는 자신의 약점을 드러내지 말자. 특히 치명적인 단점을 유추할 수 있는 내용도 언급하지 말자. 성적, 공백기 등 이력서에 약점이 드러날 수밖에 없다면 면접 때 방어할 수 있는 답변을 준비해야 한다.

## (2) 사례를 찾기 전에 최종 결론, 배운 점과 느낀 점을 먼저 정해라.

'배운 점 또는 느낀 점 → 알맞은 사례와 극복 방법'의 순서로 생각해야 한다.

이 글은 필자의 상황을 각색하여 쓴 내용이다.

> 동아리에서 매년 하는 행사 중 퀴즈열전이라는 행사를 진행 중 소품 팀에 갑자기 문제가 생겼고 소품을 준비할 수 없게 되었습니다. 그때 저는 문제를 파악하고 결국에는 해결했습니다. 끝까지 포기하지 않고 노력하면 할 수 있다는 것을 깨달았습니다.

배운 점을 언제쯤 알 수 있었는가? 마지막 줄을 읽을 때에서야 지원자가 배운 점이 '끝까지 포기하지 않고 노력하면 할 수 있다'라는 것을 알 수 있었다. 배운 점이 무엇인지 정확하게 결정하기 전에 사례부터 작성한다면 글을 읽으면서도 어떤 것이 문제이며 어떻게 극복했는지 구체적으로 나와 있지 않게 된다. 지원자가 어필하고 싶은 장점이 '도전정신'과 '끈기'라면 사례는 조금 더 도전적이고 포기하기 쉬운 사례나 포기했었던 사례를 강조해야 한다.

몇 가지 느낀 점과 연계하여 사례를 선택하는 방법을 생각해보자. 예를 들어서 같은 사례라도 나의 장점을 어떻게 잡느냐에 따라서 사례의 내용은 같지만 전개방향은 조금 변화를 줄 수 있다.

### '창의적인 인재'

기존의 방향과 다른 새로운 방향을 제시해서 문제를 해결
→ 소품을 구하는 방법에 한계가 있었고 지원자가 소품을 창의적으로 구하는 방법에 초점

> **'창의적인 인재'로 어필하기 위한 사례**
>
> A안: 소품을 구할 수 없게 되자 동아리원은 방향을 잃게 되었습니다. 저는 소품을 <u>직접 만들어보자고 제안</u>했고 알아보니 빌리거나 구매하는 것보다 저렴하다는 것을 알게 되었고 빠르게 진행해서 해결하였습니다.
>
> B안: 저는 바로 사용 가능<u>한 소품을 파악</u>한 뒤에 즉시 구할 수 있는 소품만 가지고도 진행될 수 있도록 <u>시나리오를</u> 창작하였습니다. 그 결과 기존보다 더 좋은 시나리오가 되었다며 모두가 동의했습니다.

'도전적인 인재' → 모두가 '포기'했다는 것을 강조하고 지원자의 도전정신과 끈기로 포기하지 않고 해결

> **'도전적인 인재'로 어필하기 위한 사례**
>
> 제가 소품 팀에 왔을 때는 <u>이미 모두가 포기한 상태</u>였고 더 이상 행사를 진행할 수 없다는 의견도 나왔습니다. 주변에서는 도전하려는 저를 말리기도 했습니다. 하지만 저는 <u>졸업하신 선배님들과 교수님께 도움을 요청</u>드렸고 제가 노력하는 모습에 다른 동료들도 힘을 얻었고 동아리원의 마음을 다시 돌려서 문제를 해결할 수 있게 되었습니다.

'소통하는 인재' → '소품'보다는 '소통'에 초점을 두어 대화를 하는 등으로 개선할 수 있도록 문제를 부각

> '소통하는 인재'로 어필하기 위한 사례
>
> 저는 소품 팀에 합류해서 가장 먼저 소통을 했고 소품에만 치중되어서 <u>서로의 마음을 이해하지 못했던 것</u>이 가장 큰 문제였습니다. 저는 <u>동아리원의 마음을 헤아려 소통</u>했고 다 같이 행사를 준비할 수 있도록 하여 행사 준비가 문제없이 진행되었습니다.

앞의 세 가지는 한 가지 사례에서 동시에 일어날 수 있는 상황이다. 사례 내에서 문제의 성격을 정의하는 것에 따라 지원자가 배운 점을 강하게 어필할 수 있고 면접관도 쉽게 받아들일 수 있다.

가장 힘들었던 경험은 무엇이고 어떻게 극복했나요? 그것을 통해서 느낀 점과 배운 점은 무엇인가요?

질문에서 가장 중요한 포인트는 느낀 점과 배운 점이다. 어떠한 경험을 했더라도 거기에서 느낀 점과 배운 점이 없다면 그 경험은 의미가 없고 나를 크게 바꿔놓지 못한다. 그러면 회사는 그러한 지원자에게 투자하지 않고 채용하지 않는다. 면접에서 느낀 점과 배운 점을 간접적으로 질문을 하더라도,

중요하기 때문에 꼭 어필해야 한다. 실제로 많은 지원자들이 사례를 기억해내다 보니 가장 큰 평가요소인 느낀 점과 배운 점을 빼먹거나 마지막에 느낀 점을 한 문장으로 마무리하는 경우가 있다.

위의 질문은 '성장배경', '성격의 장단점'을 구체적으로 질문한 것이다. 가장 힘들었던 경험에 대한 질문은 지원자의 입장과 회사의 숨은 의도로 해석해볼 수 있다. 가장 힘들었던 경험을 쓰라는 말은 지원자의 입장에서는 "도전을 해보았나?"라는 질문으로 해석하면 된다. 그래서 가장 힘들었던 경험보다는 자발적으로 도전을 해보았는지에 초점을 맞춰야한다. 회사가 판단할 때는 어쩔 수 없이 하게 된 경험보다는 의도적이고 자발적으로 도전하고 극복한 사례가 더 많은 것을 얻고 배울 수 있다고 생각하기 때문이다.

회사에서는 이러한 질문을 왜 할까? '회사에 들어오면 가장 힘들었던 경험, 그것보다는 더 힘든 일이 많을 텐데 극복할 수 있겠는가?'라는 질문이다. 학창 시절에 취업준비를 하느라 다양한 경험을 해봤겠지만, 회사에 들어오면 더 부담스러운 일이 많고 하기 싫은 일도 해야 한다. 처음 해보는 일도 해야 하는데, 힘든 일을 자발적으로 안 해본 지원자가 잘할 수 있을지에 대해 검증을 하기 위한 것이다.

그래서 취업준비를 한다고 책상 앞에만 앉아 있었던 지원자들이 최종면접에서 떨어지는 큰 이유이다. 회사 일은 책상 앞에서 공부하는 것과는 다르다.

질문의 의도를 알았으니 이번에는 샘플을 통해서 답변하는 방법을 알아보자. 방법은 성장배경, 성격의 장단점과 비슷하다. 사례를 정하기 전에 먼저 어떤 사람으로 보이고 싶은지, 또는 면접에서 어떤 콘셉트로 할 것인지, 어떤 부서에 지원할지 생각을 해보자.

- 고객을 대하는 일이면 사교성, 배려심, 공감능력, 긍정적인 마인드, 화술 등을 중요시할 것이다.
- 일반적인 품질부서라면 품질에 대한 기본적인 지식이 있고, 반복적인 일을 할 수 있어야 하고, 정직성, 정확성이 요구된다.

해당 부서와 업무의 특성을 이해하고 그에 맞는 나의 장점을 어필하면 더 쉽게 나의 장점을 드러낼 수 있고 좋은 평가를 받게 된다.

부서별 특성, 인재상 파악 ▶ 특성에 맞는 사례 선정

면접관의 생각과 감정을 이해하고 배려해주는 지원자에게 호의를 갖는다. 면접관의 상황을 알고 면접을 준비해보자. 또 직장생활을 할 때에도 직장동료들의 마음을 이해하는 데도 도움이 된다.

**면접관이 면접을 보면서 수행해야 하는 일**

1. 현업에서 발생하는 업무 처리
2. 지원자의 답변 듣기
3. 지원자한테 질문
4. 지원자의 이력서와 자소서 읽기
5. 개인적인 생각과 가정사에 대한 생각
6. 다른 면접관들의 질문 듣기
7. 지원자의 제스처 태도, 복장, 이미지 등 스캔
8. 평가표 작성 및 근거 마련
9. 평가 및 합격자 선정

## 면접관의 생각, 감정

▸ 최선을 다해서 평가를 하기 때문에 피곤하고 힘들다.

▸ 지원자 전에 면접 봤던 지원자의 결과가 정리되지 않았다.

▸ 면접 볼 지원자의 이력서와 자소서를 읽어봐야 한다.

▸ 생각이 복잡하다.

▸ 면접 난이도와 채점기준을 객관적이고 공평하게 하려고 노력한다.

▸ 다른 면접관과 평가기준이 다르거나 평가 결과가 확연히 차이 날까 걱정이 된다.

▸ 다음 지원자에게는 어떤 질문을 할지 생각해야 한다.

▸ 너무 오랜만에 말도 많이 하고 신경을 많이 썼다.

▸ 면접이 오랜만이라 또는 처음이라서 적응이 잘 안 된다.

▸ 지원자가 어떤 업무를 어떻게 해낼지를 생각해야 한다.

▸ 면접 중에 혹시 말실수를 했는지 걱정된다.

▸ 질문을 잘하지 못해서 지원자의 능력을 잘 이끌어내지 못할까 걱정된다.

▸ 면접 제한시간을 넘길까 걱정된다.

▸ 합격시킨 지원자가 다른 회사로 갈지도 걱정된다.

\* 이러한 면접관의 상황을 이해하고 면접을 하면 많은 도움이 될 것이다.

Level

03

면접 분석

# 1

## 스펙보다는 같이 일하고 싶은 사람이 되어라

합격도 불합격도 면접관, 인사담당자의 주관적인 판단이다. 답을 맞힌 사람이 높게 평가받는 곳이 아니라는 뜻이다.

기업에서는 일반적으로 스펙이 높은 사람보다 같이 일하고 싶은, 같이 생활하고 싶은 사람을 뽑고자 한다. 회사에서 보통 9시간을 생활한다. 자는 시간을 제외하고는 하루의 절반을 회사에서 보낸다. 그렇기 때문에 나와 많은 시간을 함께할 사람을 뽑고 싶어 한다.

필자는 회사에 다닐 때 상급자에게 예쁨을 많이 받았다. 전공지식이 많이 부족했고, 야근을 자주 하지도 않았고, 회사에서 원하는 스타일대로 일을 하는 편도 아니었다. 사실 업무능력이 뛰어난 편이 아니었다.

그런데 이러한 필자가 윗사람들에게 예쁨을 많이 받았던 이유는 따로 있었다. 일을 잘해서, 지식이 많아서, 야근을 많이 해서도 아니었다. 다만 같이 일하고 싶은 사람이었다. 상급자들에게 필요한 직원이었다.

한 가지 사례를 살펴보자.

같은 사무실에 부장(부서장)님이 계셨다. 한번은 A 과장이 자리를 비웠을 때, 부장님이 "A 과장 있나?" 하고 A 과장을 불렀다. 사무실에는 다른 사람들도 있었지만 다들 자신의 업무를 하고 있거나 전화통화를 하느라 부장님의 질문에 대답을 하지 않고 있었다. 아무도 대답을 하지 않던 때에 필자는 일어서서 "A 과장 지금~부서에 있습니다"라고 대답을 했다. 그랬더니 부장님은 "그래, 재훈이 알았다" 하시며 이름을 불러주셨다. A 과장으로부터 아무런 대답이 없으면 당연히 자리에 없는 것을 부장님도 아셨을 것이다. 그러나 누군가가 A 과장 대신 대답을 해주면 부장님의 입장에서도 민망하지 않고 사무실에 있는 다른 사람들 입장에서도 계속해서 자신의 일에 집중할 수 있게 된다. 필자가 대답을 한 것이 업무와 연관이 되거나 큰 노력을 한 것은 아니지만 작은 노력으로 전체가 편안해질 수 있게 되었다. 필자는 일을 잘하지는 않았지만 조직에 주는 영향력은 굉장히 크고 상급자의 입장에서는 같이 일하고 싶은 사원인 것이다. 그래서 신입사원을 뽑을 때에는 일을 잘하는 직원도 좋지만 위와 같은 호감이 가는 직원을 뽑고자 한다.

이처럼 면접관 나이 정도의 상급자는 능력보다 웃으면서 호감을 줄 수 있는 신입사원을 원한다. 그러한 직원들이 입사해서 일을 배우면 업무능력도 좋아지고 가르쳐 주면서도 기분이 좋아지기 때문이다.

필자는 전공지식이 많지 않았지만 일에 대한 태도가 좋았기 때문에 최종 합격을 했고 회사에서도 인정을 받을 수 있었다. 면접 때도 자신의 지식을 어필하기보다는 역량이나 태도, 인성을 어필하고 자연스럽게 드러내는 방향이 더 좋은 합격전략이다. 특히 지식이 부족한 경우엔 태도를 어필해야 좋은 점수를 받을 수 있다.

## 2

## 좋은 물건을 팔려고 하지 말고, 잘 팔려고 해라

졸업을 앞두고는 계속해서 나의 스펙을 좋게 만들려고 하지 말고 쌓아둔 스펙을 잘 활용하자. 물론 필자의 다른 책 『취업! 이렇게만 준비해라』에서 소개한 대로, 취업을 하기 위한 필수조건은 갖춰야 한다. 필수 조건에 만족한다면 스펙의 늪에서 빠져나와야 한다.

취업을 잘하려면 두 가지 조건 중의 한 가지는 만족 되어야 한다.

첫째는 월등히 뛰어난 인재, 둘째는 월등히 뛰어난 인재가 아니더라도 나를 자신감 있게 어필할 수 있는 능력,

두 가지 중의 한 가지라도 갖추고 있다면 어려움 없이 취업할 수가 있다.

물론 스펙이 좋으면 자신감이 넘치겠지만 부족한 스펙은 숨기게 되고 답변을 하면서도 기가 죽는다. 지금까지는 그래왔더라도 앞으로는 그럴 필요가 없다. 기업의 구조를 알고 나면 진짜 중요한 것이 무엇인지를 알게 되기 때문이다.

기업에서 하는 활동들을 보자. 경쟁사는 A급 상품을 팔고 있고, 우리 회사는 B급 상품을 팔고 있다고 가정해보자. B급 상품을 팔고 있는 우리 회사는 두 가지 선택을 할 수 있다.

(1) A급 상품을 뛰어넘기 위해 상품에 돈을 더 투자하는 방법
(2) 상품은 그대로 유지하고 홍보, 판매를 더 잘해서 수익을 내는 방법

대부분의 회사에서는 (2)번을 선택한다.

회사들은 판매를 잘해서 수익을 낼 수 있는 직원을 뽑으려고 한다. 모든 고객이 우리 회사의 상품을 사려고 한다면 직원을 뽑을 필요도, 따로 홍보를 할 필요도 없지만 대부분의 기업은 경쟁을 하고 있기 때문에 회사에서는 완벽하지 않은 것이라도 어필 할 수 있는 직원을 뽑는 것이다. 그러면 어떤 직원을 뽑을까.

(3) 최고의 상품만을 찾아 편하게 팔려고 하는 직원?
(4) 최고의 상품이 아니더라도 자신감을 갖고 어필할 수 있는 직원?

당연히 (4)번의 직원을 뽑고자 한다. 그런데 지금까지 우리

는 (3)번의 직원이 되려고 노력해왔다.

면접에서도 내가 스펙이 좋으면 면접에서 당당하게 어필할 수 있고 합격할 수 있을 것이라고 생각해서 면접 실력보다 스펙을 쌓으려고 노력해왔다. 그런데 회사는 부족함이 있더라도 어필을 잘할 수 있는 직원이 필요하기 때문에, 스펙 보다는 자신 있게 능력을 발휘 할 수 있는 멘탈이 강한 지원자를 합격 시키고자 한다. 어필을 잘해서 수익을 내는 (4)번 지원자가 자존감도 높고 업무를 할 때에도 애사심을 갖고 열정적으로 할 수 있다고 생각 하고 좋은 스펙만을 추구하는 직원은 얼마 지나지 않아서 더 좋은 스펙의 상품을 만드는 회사로 옮겨갈 수도 있다고 평가한다.

이 내용을 보고 기업의 입장이 이해가 된다면 무분별한 스펙의 무덤에서 빠져나올 수 있다.


A 상품과 B 상품을 스펙으로만 보면 B 상품이 경쟁에서 밀릴 것 같지만 그렇지 않다. 상품을 구입할 때 성능도 중요하지만 디자인, 색상, 사용상에 편리함 등을 보는 것처럼 회사에서도 스펙만 보지 않고

여러면에서 능력이 있는 진짜 인재를 채용 하는 것이다.

# 지원자가 알아야 하는 면접관의 특징

면접 준비를 잘하려면 '면접관의 입장에서 생각해봐야 한다. 무엇을 중요시하고 어떠한 답변을 좋아할까? 어떻게 평가할까?'를 항상 생각하며 준비해야 한다.

## 자소서, 면접이 어려운 이유 – 면접관의 입장을 모름

지원자가 면접관의 의무와 역할이 무엇인지, 어떤 생각을 하는지 잘 알지 못한다. 본인의 스펙에는 관심이 많지만 면접관에 대해서는 생각해보지 않기 때문에 면접관을 배제한 채 지원자의 입장에서 최선의 답변을 하게 된다. 그러나 지원자를 평가하는 것은 면접관이다. 면접관에 대해 생각을 해봐야 한다. 시험을 준비할 때, 시험 범위에 맞게 공부하고 기출문제를 푸는 것은 선생님의 스타일을 파악하기 위함이다.

면접관들의 공통적인 특징을 몇 가지 알아보자.

## (1) 대부분의 면접관은 전문 면접관이 아니다.

모든 면접관이 인사과 직원은 아니다. 평소에는 업무를 하고 면접 기간에만 면접을 보고, 면접관으로서 첫 면접일 수도 있다. 또 그분들은 면접에 대한 사전 교육을 받지만 전문 면접관이 아니므로 실수를 할 수도 있고 전문적이지 않을 수도 있다는 점이다. 또 이런 면접 자리가 굉장히 어색할 수도 있다. 그런 상황에 우리가 먼저 분위기를 밝게 해주면 더 좋은 인상을 줄 수도 있다.

## (2) 면접관은 내가 지원한 부서에 대한 지식이 얕을 수도 있다.

전공면접, 기술면접, 전공지식에 대한 질문이라면 전문용어를 사용하는 것은 당연하지만 일반면접에서는 전문용어를 줄이는 것이 좋다. 지원자도 그렇듯이 면접관도 여러 부서에서 오게 된다. 내가 지원한 분야에 대한 내용을 모든 면접관이 잘 알 것이라고 생각하면 안 된다. 처음 들어보는 단어가 있어도 지원자에게 물어보지 않는다.

회사에는 인사과, 총무과, 구매, 품질, 법무, 기획, 홍보 등 여러 부서가 있고 각자 업무가 다르기 때문에 모를 수 있다. 또 기업마다 사용하는 용어나 시스템도 다르다. 내가 배운 것을 면접관들도 당연히 알 것이라고 생각하고 아무런 설명

없이 어려운 단어를 쓰면 내용 전달에 방해만 될 수 있다. 비전공자, 다른 부서의 면접관이라도 알아들을 수 있도록 하는 것이 좋다.

**(3) 면접관들은 전반적으로 사회경험이 많고 지원자들의 생각과는 다소 차이가 있을 수 있다.**

독자 중에 '부모님과 말이 정말 잘 통하고 생각이나 가치관이 잘 맞는다'면 면접에서 남들보다 쉽게 좋은 평가를 받을 수도 있다. 그러나 평소에 어른들과 말을 할 때, 생각이나 가치관이 다르다는 것을 느끼고 불편하다면, 면접을 위해서 조금 더 면접관이나 기성세대들을 이해하려고 노력할 필요가 있다.

필자의 경우는 또래보다도 어른들과 말이 더 잘 통했고, 어른들의 대화가 더 재미있었고, 어른들도 나를 좋아했다. 그래서 말이나 행동들이 어른스럽다는 말도 많이 들었다. 어른들과 대화하는 것을 좋아해서 면접도 부담스럽거나 불편하지 않았다.

**(4) 상대적으로 보수적이다. 또는 나름의 기준이 있다.**

면접관이 생활했던 사회문화와 가치관을 기준으로 지원자들의 말이나 행동에 대해서 생각하고 평가하기 때문에 지원자들과 생각이나 가치관이 다를 수 있다. 서로 자랐던 환경이 다르기 때문이다. 또 오랜 사회경험으로 조직과 기업문화에 익숙해져 있고 많은 신입사원들을 교육하고 업무 지도 과정에서 나름의 기준이 서 있다. 인재를 판단할 때에도 그에 따른 기준을 적용한다.

'잘 웃는 직원은 성격도 밝더라. 자세가 올바른 직원은 성실하더라'처럼 경험에 의해서 나름의 평가기준이 있다. 아직 직장생활을 해보지 않았다면 회사에서 어떤 직원을 원하고 어떤 모습이 눈에 거슬리는지 알기 어렵다. 그러한 부분을 주변 어른들을 통해서 많이 듣는 것이 도움이 된다. 그중에 정말 중요한 것은 창의성과 능력도 중요하지만 기본적으로 상사의 말에 잘 따르는 직원을 선호할 수밖에 없다. 면접관에게 약간의 순종적인 느낌을 주는 것이 유리할 수도 있다.

(5) 면접관은 면접관이 뽑고 싶은 지원자를 뽑는다.

면접관의 입장에서는 일 잘하는 사람을 여러 명 뽑는 것도 중요하지만, 문제를 일으킬 수 있는 사람을 뽑지 않는 것이 더 중요하다. 10명의 팀 인원이 모여서 도미노를 세운다면 많은 인원들이 아무리 열심히 세워도 1명이 잘못 건드려서 넘어뜨려버리면 다른 사람이 세워둔 도미노까지, 도미노 현상을 일으키며 무너져버린다. 그것을 알기 때문에 우수한 인재를 뽑는 것도 중요하지만 문제를 일으킬 만한 인원을 뽑지 않는 것에 초점을 맞추는 것이다.

지원자의 목적은 오직 나의 합격이지만, 면접관들은 누구를 뽑을지 현실적으로 판단해야 하고 선택에 대한 책임이 있다. 이렇게 되는 이유는 면접관이 지원자를 '잘 뽑았다는 것'은 바로 드러나지 않는다. 그러나 '잘못 뽑았다는 것'은 바로 드러난다. 면접관이 최연소 임원이 될, 먼 훗날 사장이 될 사람을 뽑았더라도 결과가 나타나려면 십수 년의 시간이 지나야 하고 면접관이 퇴사한 후의 일이겠지만 신입사원이 입사하자마자 문제를 일으키거나 퇴사를 하는 것은 바로 드러난다. 그래서 면접관들은 엘리트 지원자를 뽑는 것도 중요하지만 위험인물을 가려내는 것을 더 크게 생각할 수밖에 없다. 지원자는 면접관을 안심시켜줘야 한다.

## (6) 면접관은 사람을 보는 눈이 있다.

면접이 처음인 면접관도 오랜 시간 동안 업무를 해왔고 많은 사람을 만나면서 사람을 보는 눈이 생겼다. 심리를 분석하고, 지원자가 하는 말에 과장이 있는지, 사실인지를 몇 마디만 들어도 파악할 수 있게 되었다. 지원자들이 당황을 했는지, 모르는 내용을 아는 것처럼 설명하는지, 하지 않은 경험을 부풀려서 말하는지도 알아차릴 수 있다. 드러내지 않지만 지원자의 마음을 들여다보기 때문에 진실을 답변해야 한다.

가까운 지인을 통해서 면접을 부탁해보자. 그리고 어른들의 입을 통해서 피드백을 받으면 분명히 지원자의 시야가 넓어질 것이다.

(7) 지원자에게 면접관은 회사라는 개념으로 다가오지만, 면접관에게 지원자는 여러 명 중 한 명일 뿐이다.

경력직이나 수시채용처럼 지원자를 뽑을지 말지 고민하는 단계가 아니다. 수많은 사람들 중에 누구를 뽑을지 고민하고 있다. 그렇기 때문에 많은 사람들 중에 나를 돋보일 수 있도록 해야 한다. 나를 알아봐줄 때까지 기다리지 말고 내가 먼저 어필해야 한다. 세상은 나를 알아주지 않는다. 세상에 나를 알려야 한다.

(8) 면접관들은 면접이 반복될수록 육체적, 정신적으로 피곤하다.

지원자는 면접을 한 번 보겠지만 면접관은 같은 면접을 몇 번씩 봐야 한다. 하루에 여러 번 면접을 보면 말하는 것도 귀찮을 수 있고 같은 질문을 반복하는 것도 힘들다. 한 번의 질문으로 요점을 잘 파악해서 조리 있게 답변해야 하고 질문에 대한 대답은 물론이고 궁금할만한 것들을 대답해서 면접관이 추가 질문을 하지 않을 수 있도록 하는 것이 좋다. 면접관의 입장을 이해하고 면접을 적극적, 능동적으로 봐야 한다.

# 답변하고 있지 않은 시간에는 무엇을 해야 할까?

면접의 질문이 지원자마다 같지 않다. 면접관의 스타일에 따라 다르다. 입장하는 순서는 정해주고 보통 앞사람부터 질문하지만 질문 순서는 바뀔 수 있다. 그리고 면접관이 다른 지원자에게 하는 질문을 잘 들어야 하는 중요한 이유는 앞사람에게 했던 질문을 나에게 똑같이 물어볼 수 있다. 다시 한번 질문을 해주기도 하지만 질문 확인 없이 바로 답변을 해야 하는 경우도 생긴다. 그러므로 앞사람의 질문과 답변을 들으면서 내 답변도 같이 준비해야 한다. 같은 질문을 했을 때 처음 답변을 하는 사람보다 준비시간이 길었던 지원자가 더 답을 잘하기를 기대한다. 만약에 앞사람에게 했던 질문을 못 들었다면 "죄송합니다만, 질문을 다시 한번 말씀해주실 수 있습니까?"라고 면접관에게 양해를 구하고 질문을 다시 해달라고 해서 정확한 답변을 해야 한다. 대략적인 질문내용을 알고 있다면 답변해보는 것도 좋다.

질문 횟수가 면접 결과를 말해주지는 않는다. 질문은 대체로 고르게 하지만 정해진 시간 내에서 면접관의 재량으로 조절할 수가 있기 때문에 나에게 질문을 안 하거나 많이 해도 너무 초조해하지 말자.

## 4

## 면접에서 역량과 관련 없는 질문을 하는 이유는?

면접 질문의 숨은 뜻을 살펴보자. 우리가 면접에서 받는 질문 중에 몇 가지는 '이런 질문을 왜 할까?', '이게 면접이랑 무슨 상관일까?' 하는 생각이 드는 질문들이 있다. 그리고 '어떤 방향으로 대답을 해야 좋은 점수를 받을 수 있을까?' 하는 생각도 든다.

면접을 시작하는 가벼운 질문들 몇 가지가 있다.

### (1) 아침 식사를 했냐는 질문

별 뜻 없이 아침 일찍 면접을 보는 경우에 주로 물어본다. 좋은 답변은 '아침 식사를 했다' - 부지런하고 규칙적인 지원자처럼 보여서 늦잠을 자거나 지각하지 않을 것이라 어필이 되기에 아침을 잘 챙겨 먹고 면접에 왔다고 말하는 것이 좋다.

안 먹었다면 가볍게 '면접이 끝난 뒤에 아침 식사를 하려고 합니다' 정도로 대답하면 된다. 특히 이런 평이한 질문에는

'아니요. 면접이 끝난 뒤에 아침 식사를 하려고 합니다'처럼 '아니요'라는 부정 대답은 하지 말자.

하면 안 되는 답변은 '긴장되어서'라든지, '늦게 일어나서' 또는 '식당을 못 찾아서' 등의 답변은 하지 말자. 내가 아침에 겪었던 상황을 전부 말할 필요는 없다. 해서는 안 되는 답변을 보면 공통적으로 부정적인 내용이 있다. '긴장, 안 좋을까 봐, 늦게, 못 먹었습니다. 못 찾아서, 배가 고픕니다' 처럼 면접관에게 부정적인 영향을 줄 수 있는 단어나 뉘앙스는 피하는 것이 좋다. 그리고 배고프다는 것도 면접을 빨리 끝내야 할 것 같아서 면접관을 초조하게 만들 수 있으니 말하지 않는 것이 좋다. 만약에 실수로 부정적인 말을 했다면 그것을 만회하기 위해서 표정과 태도를 밝게 하는 것이 필요하다.

## (2) 회사를 찾아오는 데 어려움은 없었나요?

면접자가 소수일 때 첫 질문으로 자주 하는 질문으로 조금 전에 있었던 일이기 때문에 대답하기 쉽고, 지원자를 배려하는 모습을 보여주기 위한 질문이다. 그런데 지원자는 이런 질문을 듣게 되면 순간 '내 표정이 안 좋은 것은 면접에 대한 자신감이 없는 것이 아니고 회사를 찾는데 어려움을 겪었기 때문이고 평소에는 표정이 밝습니다'라고 말하고 싶을 수도 있다. 약간의 동정심과 회사를 찾기 어려웠지만 포기하지 않고 늦지 않게 면접장에 잘 도착했다는 것을 어필하고 싶을 수도 있다. 순간적으로 그런 유혹이 생길 수도 있지만 기업의 입장에서는 자신이 다닐 회사 하나 찾는 것도 어려워하는데 업무를 맡기기에는 부족하다고 생각할 수도 있다. 물론 면접관이 의도하고 질문한 것은 아니더라도 답변을 듣는 순간 그렇게 생각할 수 있다. 회사가 작아서, 표시를 잘 안 해두어서 못 찾았다고 말하면 좋아할 면접관은 없다. '제가 다닐 회사가 어떤 곳인지 궁금해서 어제 회사에 와봤기 때문에 아침에 길을 찾는데 전혀 어렵지 않았습니다'라고 답변을 한다면 정말 좋은 답변이다. 그렇게 답변하기 위해서는 전날 또는 당일 아침에 미리 한번 가보고 위치도 확인해둬야 한다.

(3) 지금 긴장되시나요?

필자도 면접을 시작하면서 여러 번 받아본 질문이다. 내 표정이 긴장한 것처럼 보였을 수도 있다. 이런 질문을 처음 받았을 때 필자는 "이상하게도 긴장이 전혀 안 되는데요?"라고 답변을 해버렸다. '내가 자신감 없는 표정으로 있었던 건 아닌가, 안 좋게 평가되는 것은 아닌가' 하는 걱정이 돼서 나도 모르게 그런 이상한 답이 나왔다. 그래도 바로 미소를 보이며 여유 있는 모습으로 면접을 봤고 좋은 결과를 얻을 수 있었다. 머리로는 알지만 연습이 되어 있지 않으면 나도 모르게 잘못된 답변을 하게 되고 계속해서 꼬이기도 한다. 긴장이 되냐는 질문을 받으면 긴장을 했더라도 '괜찮다, 편안하다'는 긍정적인 답을 주는 것이 좋다. 그 뜻은 나의 능력을 어필하는 것도 있지만 면접관이 편안하게 지원자의 능력을 잘 이끌어내서 면접관의 목적을 달성했다는 것을 간접적으로 인정해줄 수 있고 면접관은 그것으로 만족할 수 있기 때문이다.

### (4) 우리 회사 말고 다른 회사에도 지원하셨나요?

이런 질문을 받게 되면 순간 많은 생각이 든다. 여러 곳에 지원했는데 사실대로 답변해야 하는지, 아니면 우리 회사 한곳만 지원했다고 해야 할지 고민이 될 수 있다. 한곳만 지원했다면 본인의 의지를 적극적으로 어필하는 것이 좋지만 그렇지 않다면 사실대로 답해야 한다. 다른 곳에 지원했다고 떨어뜨리는 이유가 되지는 않는다. 면접관이 원하는 것은 여러 군데에 지원했지만 우리 회사에 꼭 오고 싶다 어필해달라는 뜻이다.

## (5) 질문의 의미와 답을 잘 모를 때에 무난하게 대답하는 방법

용어나 개념 등 질문의 내용을 잘 모른다면 당황하지 않고 자연스럽게 잘 모르지만 면접을 통해서 하나 배웠다는 느낌을 주면 좋다. 필자도 질문의 의미를 잘 몰랐지만 면접관님 덕분에 하나 배웠다는 느낌을 주어서 분위기가 더 좋아졌던 경험이 있다.

선배가 후배한테 무언가를 지시하거나 물어봤을 때의 반응을 하면 좋다. 서류를 지원할 때 자소서의 입사 후 포부에 작성한 것처럼 모르는 것은 배우려는 태도를 보여주면 된다. 하나 꼭 기억해야 할 것은 내가 답변했던 내용이 정답인지 아닌지, 말을 잘하는지 아닌지는 면접에서 합격과 불합격을 나눌 만큼 크지 않다. 전체적으로 면접을 자연스럽게 이끌어가도록 하자.

## 면접관님, 이런 질문은 왜 하시는 겁니까?

위의 내용처럼 면접이나 능력과 관련이 없는 질문 중에는 처음 들어보는 질문들도 있을 것이고, 정해진 답이 없어 보이는 질문도 있을 것이다.

면접관이 하는 면접의 질문은 크게 2가지로
⑴ 계획에 있던 질문 – 면접에 주로 나오는 질문
⑵ 돌발적인 질문 – 면접관도 갑자기 생각난 질문

그렇다면 답변하기 어려운 질문을 왜 하는 것일까? 지원자의 스펙이 상향 평준화되면서 면접으로 변별력을 높이려는 이유와 흔하지 않은 질문을 하고 싶은 것이다. 면접관이라고 해도 반드시 지원자의 입장이 되었을 때 답변을 잘 할 수 있는 능력을 가진 것은 아니다. 생각만큼 완벽하지 않고 실수도 하니까 그런 생각을 갖고 면접에 들어가면 마음이 편하다. 대답하기 어려운 질문을 하는 이유는 몇 가지가 있다.

돌발적인 질문을 하는 이유

(1) 긴장을 풀어주기 위해서
(2) 자소서를 읽기 위한 시간을 벌기 위해서
(3) 그냥 갑자기 질문이 생각난 경우
(4) 뭔가 특별한 대답이 기대가 되는 경우
(5) 합격 불합격의 기준이 애매한 경우
(6) 지원자마다 다른 질문을 하기 위해서


## (1) 긴장을 풀어주기 위해서

지원자가 면접관을 만나서 긴장이 되어 보이거나, 지원자에게 면접 분위기를 파악할 시간을 주기 위해서, 간단하고 쉽게 답할 수 있는 질문을 하는 것이다. 그러나 지원자의 입장에서는 이러한 질문으로 어떤 것을 평가하는지, 어떻게 답변해야 좋을지를 생각하느라 예상 밖의 질문에 더욱 긴장하기도 한다. 그리고 아침밥은 먹었는지, 면접 장소까지 어떻게 왔는지 등의 일상적인 질문을 하는 이유는 면접 분위기에 긴장하지 않고 지원자가 실력을 발휘할 수 있도록 배려차원에서 면접 초반에하는 경우가 많다. 그러니 가벼운 질문은 너무 심각하게 받아들이지 말고 여유있게 대처하는 것이 필요하다. 답변의 내용도 평범하게 하면 된다.

## (2) 자소서를 읽기 위한 시간을 벌기 위해서

한 명의 면접관이 파악해야 할 지원자가 많기 때문에 길게 쓰여 있는 이력서와 자소서를 아직 읽지 못했고 첫인상에서도 특별한 것을 느끼지 못했다. 그래서 지원자를 파악할 시간이 필요하고, 자소서를 읽을 시간도 필요하다. 그래야 그에 맞는 질문을 하고 평가를 할 수 있기 때문이다. 지원자는 면접관에게 충분한 시간을 줄 필요가 있다. 가령 질문을 한 면접관이 질문 후에 이력서를 열심히 읽고 있다면, 지원자는 다른 면접관의 얼굴을 보면서 조금 천천히 대답을 해야 한다. 자소서를 읽으면서 지원자의 대답을 듣는 것은 동시에 하기 힘들다. 글을 읽는 속도가 느린 면접관이면 시간이 더 걸릴 수도 있다. 면접관이 이력서를 읽고 나서 질문을 하면 그때에는 그 면접관의 얼굴을 보면서 답을 하면 된다. 면접관도 몇 시간 동안 계속 면접을 보다 보면 집중력이 흐려질 수 있으므로 약간의 여유를 두도록 하자.

## (3) 갑자기 질문이 생각난 경우

지원자를 보니 갑자기 질문이 떠올라서 이유 없이 질문을 하는 경우도 있다. 면접관이 생각한 이미지가 맞는지 확인하고 싶을 수도 있고, 지인과 너무 닮아서 성격이나 생활도 비슷한지 확인해보고 싶을 수도 있다. 그런 느낌이 든다면 굳이 길게 말하지 말고 관련된 내용 확인 정도만 해도 좋다. 예를 들면, "혹시 기타 치는 거 좋아하세요?"라고 질문한다면 깊게 생각하지 않고 대답해도 좋다. 또, 필자의 경우에는 면접이 끝나서 일어섰는데 "잠깐! 집이랑 회사가 먼데, 다닐 수 있나요?"라는 질문을 받았고 다닐 수 있다는 답을 하면서 다시 자리에 앉았던 경험이 있다.

## (4) 창의적인 대답이 기대되는 지원자

왠지 돌발적인 질문을 하면 대답을 잘하거나 특별하고 창의적인 답이 나올 것 같은 생각이 들었을 때에도 이런 질문을 할 수가 있다. 그러니 꼭 압박을 하기 위한 질문이 아니라 뭔가 창의적인 답변을 원해서 질문을 할 때도 있으며, 처음부터 대답하기 어려운 질문이라는 것을 알고 있기에 답변을 못 했다고 크게 문제 삼지는 않지만 대답을 잘해서 놀라움을 준 경우에는 크게 좋은 점수를 받을 수 있다. 그러니 포기하지 말고 생각나는 것이 있다면 어떤 답변이든 해보는 것이 좋다. 하지만 면접관이 기대했던 대답과 방향이 다를 경우에는 면접관이 조금 당황할지도 모른다. 답변을 마쳤다면 그 답변에 대해 더 이상 미련을 버리고 다음 질문을 잘 듣도록 하자.

## (5) 합격, 불합격을 결정하기 어려운 경우

지원자들이 생각하는 돌발 질문의 이유 중 하나이다. 학교 시험문제를 어렵게 내는 이유와도 마찬가지인데 모두가 100점을 맞거나 모두가 0점을 맞게 되면 변별력이 없으므로 난이도가 다양한 문제를 낸다. 점수가 같은 학생이 많아지지 않도록 우열을 가리기 위한 돌발 질문을 한다. 이때 필요한 것은 끝까지 처음의 태도와 분위기를 유지하는 것이다. 나에게 너무 많은 질문을 하거나, 면접이 길어지면서 힘들지라도 지금의 태도에 따라서 당락이 결정될 수 있으므로 끝까지 좋은 태도를 유지하자.

## (6) 지원자마다 다른 질문을 하기 위해서

지원자가 3명이 들어왔는데 오른쪽부터 왼쪽까지 똑같은 질문을 3번 한다면 처음에 갑자기 질문에 답을 해야 하는 지원자와 준비할 시간을 충분히 갖고 대답하는 지원자는 같은 질문이라도 형평성에 어긋날 수 있기에 서로 다른 질문을 하는 경우가 있다. 또 면접관은 질문이 생각이 나지 않거나 준비한 질문이 모두 떨어졌다면 오랜 시간을 지체하지 않고 어떤 질문이든 해야 한다. 그렇게 질문하다 보면 기대되는 방향과 답변이 없는 질문도 할 수 있게 된다. 자기소개처럼 준비할 수 있고 꼭 필요한 질문은 3명의 지원자에게 공통으로 하는 경우도 있고 경우에 따라 서로 다르게 질문할 수도 있다. 이러한 상황을 이해하고 가면 대처하는 데에 어려움이 없다.

지금까지 일상적이거나 돌발적인 질문을 하는 대표적인 이유 6가지를 살펴보았다. 일상적이고 돌발적인 질문을 받는 것이 꼭 안 좋은 상황은 아니므로 당황하지 말고 편한 마음으로 잘하기를 바란다. 그리고 면접 초반에 이런 질문들이 나온다면 그냥 평범하게 답변해도 상관없으니 너무 많은 생각을 하거나 길게 답을 하여 면접관의 의도에서 벗어나지 않도록 하자. 또는 일상적이고 돌발 질문이지만 뭔가 숨은 뜻이 있는 것처럼 느껴진다면 잘 대답하는 것이 좋다.

## 6

## 마지막으로 만회할 기회를 주려고 시킨 거였어

지원자들이 면접에서 고민하는 것이 있다. 면접이 끝나고 마지막으로 할 말이 있는 지원자가 있나요? "라고 물어본다면 어떻게 할 것인가? 이러한 질문을 받으면 여러 가지 생각이 들 것이다.

'말을 할까? 말까?'
'무슨 내용을 말할까?'
'누군가가 먼저 말하면 그 내용에 대한 피드백을 듣고 다음에 내가 말할까?'
'전체에게 다 물어보는 걸까?'
'이것도 평가에 들어가는 걸까?'
등의 여러 가지 생각이 들면서 옆 사람의 눈치를 보게 되고 머릿속이 복잡해지고 그러한 생각은 굳은 표정과 부자연스러운 태도로 드러난다. 자신감 있는 태도로 대처하지 못할 바에는 차라리 빨리 포기를 하고 여유 있는 웃음을 띠어보는 것이 좋다. 당황하거나 다른 사람의 눈치를 보고, 평가점수에 연연하기보다는 편하게 행동하자.

또는 답변하겠다고 마음먹었다면 어차피 하는 거 첫 번째로 답변을 시작해보는 것도 좋다. 여기서 중요한 것은 내가 하는 행동에 확신을 갖고 자신감 있게, 당당하게 행동하는 것이다. 그리고 마지막 질문에 답을 할 수 있도록 몇 개 준비해두자.

그렇지 않으면 즉흥적으로 답변하면서 당황하게 된다. 마지막으로 하고 싶은 말이 있는지 물어본다면 현재의 심정과 각오를 말해도 좋다.

"그동안 이 순간을 위해서 최선을 다했습니다. 앞으로도 저를 믿어주신 면접관님들의 기대에 부응할 수 있도록 노력하겠습니다. 감사합니다."

이런 식으로 간단 명료하게 말하면 아주 좋다. 먼저 면접관님들에 대한 인사와 예를 표하고 나도 좋은 결과를 얻고 싶다고 말을 하면서 나의 강한 의지와 준비해온 노력을 어필하면 된다. 진심이 느껴지도록 말의 속도를 늦추면서 힘을 담아서 답변한다. 면접은 옆의 지원자와 싸워서 이기기 위한 것이 아니다. 면접은 사람과 사람 사이에 사회생활을 어떻게 하는지를 보여주면 된다. 혹시나 같이 면접 본 지원자를 공격해서는 안 된다. 나에게는 지원자가 경쟁자이지만 면접관에게는 다른 지원자도 사랑스러운 미래의 후배들이다. 그러니 모두의 입장을 생각하여 답변해보자.

앞의 마지막으로 하고 싶은 말을 보면, 포함하고 있는 내용
들이 몇 가지가 있다.
① 그동안 취업준비를 위해서 많은 노력을 했다는 것을 다
   시 한번 말했다.
② 앞으로의 의지를 밝혀서 면접관들이 나를 긍정적으로 평
   가할 수 있게 해주었다.
③ 지원자가 면접관과 면접, 회사에 대한 긍정적인 생각을
   가지고 있다는 것을 나타냈다.

이것이 왜 중요할까? 대부분의 지원자들은 면접을 두려워하
고 피하고 싶어 한다. 그러면 면접관에게도 그러한 생각들
이 전달된다. 그러나 나는 앞의 멘트로 면접을 마무리하면
서 면접관과 회사, 면접에 대한 긍정적인 입장을 나타냈기
때문에 면접관의 입장에서도 나를 좋게 평가할 수 있고 면
접관의 태도에 지원자가 만족스러웠다는 확신을 줄 수 있기
때문에 면접관에게도 행복감을 준다. 일반적으로 착하고 나
에게 호감을 갖고 있는 사람에게 나도 호감을 갖게 되기 때
문이다.

그리고 한 가지 더 팁을 주자면, 이것은 필자가 실제로 경험했던 사례인데, 영어 통역 자원봉사를 신청했을 때에 봤던 면접에 영어를 잘하는 면접관이 들어오셨다. 그리고 필자에게 영어로 아무것이나 말해보라고 했다. 그래서 "면접관님들을 만날 수 있는 기회를 얻게 되어서 영광이고, 정말 자원봉사를 잘하겠습니다"를 영어로 말했다.

무슨 말을 해야 할지 생각하지 못하면 형식적인 자기소개를 하게 되니까 미리 멘트를 준비하자. 물론 필자는 영어를 잘하는 편이 아니어서 길지 않게 했지만 자신이 있고 할 말이 많다면 좀 더 길게 준비하면 좋다. 단, 너무 어려운 영어를 써서 면접관이 못 알아들으면 평가에 좋지 않을 수 있다. 필자의 경우는 영어실력도 보여줄 수 있고 면접과 면접관에 대한 호감의 표현을 하면서 면접을 시작할 수 있었다. 필자가 참석했던 자원봉사의 경우에는 영어실력 외의 능력도 필요하고, 한 번의 면접으로 합,불이 결정되므로 일반면접, 인성면접까지 포함된 것이다.

준비된 영어 멘트로 나의 역량을 어필하자.

## 7

## 우리는 보이는 것만 믿는다

입사 후에 하고 싶은, 하게 될 구체적인 업무에 대해 꼭 답변해야 한다. 그리고 항상 생각해야 할 것은 '정답은 없다'는 것이다.

면접관들의 질문이 다양해지는 요인으로는
① 회사의 특성
② 면접의 특성
③ 개인의 취향
④ 부서
⑤ 지역적 특성
⑥ 신입인지 경력인지
⑦ 이력서에 지원자가 쓴 내용
⑧ 지원자의 첫인상
⑨ 취업 트렌드의 변화

이렇게 다양하게 있지만 아직까지 많은 기업에서 하는 일반적인 질문 4가지가 있다. 자소서의 대표적인 4가지 질문은 (1) 성장과정 (2) 성격의 장단점 (3) 지원동기 (4) 입사 후 포부이다.

그러면 질문의 의도가 무엇일까? 성장과정이라는 것은 성장기, 사춘기 때를 말하는 것이 아닌 대학 시절 또는 지원자 시절의 성장과정이라고 생각하면 된다.

(1) 그 시간에 어떤 경험을 했고

(2) 그것을 하기 위해 어떤 준비를 했고

(3) 하면서 어떤 것을 느꼈고

(4) 어떤 성장을 해왔는지

(5) 경험을 통해서 느끼고 배웠는지

(6) 취업 후 업무에 어떻게 도움이 될지

에 대한 부분이 궁금한 것이다.

(6) 취업 후 업무에 어떻게 도움이 될지는, 면접관이 가장 듣고 싶어 하는 궁극의 질문이다.

(1)번부터 (5)번까지의 질문은 (6)번 취업해서 어떻게 도움이 될지를 예측하기 위한 질문이다. 정말 중요한 것은 (6)번이다. 아무리 좋은 경험이 있고 능력이 있어도 회사에 들어와서 발휘를 하지 않으면 아무 의미가 없다. 그래서 (6)번을 꼭 구체적으로 답변해야 한다.

대부분의 자소서와 면접 답변을 보면 '최선을 다하겠다',

'그동안 배운 경험을 살려서 업무를 하겠다', '회사에 들어가서 배우고 적응하겠다' 등의 답변을 한다. 그러나 좀 더 구체적으로 답변해야 한다. 예를 들어서 서비스직이라면 '취업 후에는 환하게 웃는 얼굴로 다가가서 고객들이 원하는 것을 해결해드리고, 신속한 해결을 위해서 업무 매뉴얼을 만들겠습니다', 사무직이라면 '그동안 배웠던 엑셀, 파워포인트를 실전에 사용해서 보고서를 만들고 매뉴얼을 자동화해서 업무효율을 높이겠습니다'처럼 구체적으로 말해야 한다.

입사해서 구체적으로 하게 될 업무를 말해야 하는 이유는 크게 3가지이다.

(1) '이미지화'해야 한다.

줄글로 쓴 것보다 만화나 정리된 표로 보면 쉽게 이해가 되는 것과 비슷하다. 면접관이 지원자의 포부를 들었을 때 머릿속에서 일하고 있는 지원자의 모습이 그려져야 한다. 위의 예시를 들면 환하게 웃고 있는 지원자가 고객에게 다가가서 무엇이 필요한지 물어보고 있는 모습이 자연스럽게 떠오른다. 글만 읽을 때보다 디자인이 된 포스터를 봤을 때 가독성과 전달력이 훨씬 좋은 것처럼 말이다.

## (2) 구체적인 계획과 의지를 말해야 한다.

면접관의 심리를 분석했을 때 정말 중요한 부분인데 계획과 구체적인 업무를 말할 수 있다는 것은 입사 후에 일하는 생각을 해보았고 구체적인 상상을 해보았다는 뜻이므로 업무에 대한 특별한 의지 없이 면접을 보고 있는 지원자와는 차별화될 수 있다. 면접관도 뽑아야 하는 인재라고 생각하게 된다.

## (3) 입사하면 무슨 업무를 하는지 알고 지원해야 한다.

면접관은 지원자가 할 업무를 알고 있다는 것만으로도 '앞으로 입사해서 할 일이 없다고 가만히 앉아 있지는 않을 것'이라는 신뢰가 생긴다. 면접에서 답변을 할 때는 꼭 부서의 메인 업무가 아니어도 상관없다. 업무 특성을 잘 알고 있는 지원자에게 면접관은 동질감을 느끼고 합격시키고 싶을 것이다.

회사, 부서, 업무, 직급마다 하는 일은 다를 수 있으니 실제 부서별 업무보다는 얼마나 구체적으로 써야 하는지에 초점을 맞춰서 설명을 들어보자.

보통의 자소서, 면접에서 나오는 입사 후 포부 또는 업무 의
지로 다음의 답변을 자주 볼 수 있다.

"최선을 다하겠습니다."
"지금까지 배운 역량들을 업무를 하면서 발휘하고 싶습니다."
"모르는 것은 선배님들께 배우면서 업무를 해결하겠습니다."
"A과목, B과목, C과목에서 배웠던 내용으로 업무를 하겠습니다."
"제가 먼저 솔선수범하고 긍정적인 마인드로 일하겠습니다."

그런데 면접관은 조금 더 구체적으로 업무에 대한 의지를
말해주길 바란다.

구체적인 업무의 예시

① 청소를 하고 책상 정리를 한다.
② 프린트를 하고 회의 준비를 한다.
③ 엑셀로 일일, 주간, 월간 결산을 한다.
④ 회의를 참석해서 배우고 본인의 의견을 말한다.
⑤ 보고서를 작성하고 상급자에게 보고한다.
⑥ 다른 부서에 가서 업무조율을 하고 협력한다.
⑦ 출장, 외근을 다녀온다.
⑧ 서류 정리, 자료수집을 한다.
⑨ 전화하고, 고객을 대하고 서비스를 한다.
⑩ 전반적인 업무 흐름을 파악하고 중요 내용을 브리핑한다.

보통의 자소서, 면접에서 나오는 업무 의지와 다르게 구체적인 업무의 예시를 보면 지원자의 행동이 이미지화되는 것을 알 수 있다. 최선을 다한다거나 역량을 발휘한다는 것은 머릿속에 쉽게 떠오르지 않는다. 면접에서 답변을 하기 어려운 이유 중 하나는 질문이 구체적이지 않기 때문이다. 지원자의 답변이 구체적이지 않다면 면접관도 좋은 평가를 할 수가 없다.

구체적인 업무 예시를 보면 ①번을 보면서 청소, 정리를 하고 있는 지원자가 떠오르고 ⑤번을 보면서 보고서를 작성하고 상급자에게 친절하게 보고 드리는 모습이 떠오른다. 면접관의 입장에서도 마찬가지다. 면접 동안에 꼭 구체적인 업무를 말해야 한다.

## 8

## 압박면접의 목적은 압박이 아니다

면접에서 떨어뜨리는 것이 목적이라면 압박할 필요 없이 그냥 떨어뜨리면 된다. 무조건 압박면접을 해서 회사 이미지를 안 좋게 할 필요가 없다. 압박면접의 목적은 말 그대로 압박을 해보기 위한 것이다. 왜일까? 왜 면접에서 굳이 지원자를 압박하려고 하는 것일까? 면접관의 입장에서 생각해보자.

업무를 하다 보면 정말 답답함을 느끼거나 부담스러운 일도 있다. 직원들이 회사에서 느끼는 부담을 견디지 못하고 퇴사하는 경우가 있기 때문에 이러한 압박을 해보는 것이다. 체력이 필요한 직종에서 팔굽혀펴기 같은 체력검사를 하는 것과 마찬가지다. 일정 수준 이상의 부담을 견딜 수 있는지를 평가하는 멘탈 검사이다.

그러한 상황에 잘 견디고 대처할 수 있을지, 당황하고 울고 말을 제대로 못 하는지 보려는 평가이다. 그러니 너무 걱정하지 말고 차분하게 답변하면 된다. 합격 후에는 어려운 일을 맡거나 실수한다고 불합격되지 않는다. 면접에서만 당황하지 말고 감정에 휘둘리지 않으면 된다.

필자가 합격했던 면접에서 실제로 이런 경험이 있다. 여러 명의 면접관과 한 명의 지원자가 면접을 보는 형태였다. 면접을 보고 대기실에 있었는데 어떤 지원자가 면접을 보고 나오면서 "와, 압박 진짜 심하다"라고 하는 것이었다. 나는 그말을 들으면서 공감이 안 되었다.

필자가 봤던 면접 내용은 이력서 내용을 확인하는 정도로 진행되었다. 이렇다 할 압박도 없고 특별한 질문이나 예상하지 못했던 난해한 질문도 전혀 없었다. 그렇다고 필자가 엄청나게 답변을 잘한 것도 없었다.

이럴 때, 경우의 수는 크게 3가지이다.

(1) 필자에게 했던 면접이랑 그 지원자에게 했던 면접방식이 달랐던 경우

(2) 그 지원자가 압박을 받지 않았지만 다른 지원자에게 긴장을 주기 위해서 과장을 한 경우

(3) 면접관은 압박을 하지 않았지만 당사자 혼자서 압박이라고 느끼는 경우

(1)의 경우는 지원자가 확실하게 합격이거나 불합격이 아닌 중간 점수에 있어서 추가적인 평가를 하기 위해서 압박을 했거나, 압박에 약할 것 같아서 압박을 해보는 경우일 수 있다.

(2)의 경우는 그 지원자는 이미 면접을 보고 나왔는데 굳이 그런 정보를 다른 경쟁자들에게 주려는 이유는 다른 지원자들도 긴장하게 만들어서 자신이 상대적으로 좋은 결과를 받고 싶기 때문에 그렇게 행동한 것이다. 필자는 이미 면접을 봤기 때문에 면접에서 전혀 압박이 없었다는 것을 알고 있었고 그것이 사실이 아니라고 생각하고 있었다. 그래서 필자는 그 말을 듣고 오히려 확신을 갖고 자신감이 생기게 되었다. 그러므로 그런 말을 들으면 그 지원자를 경계하고 압박에 대한 마음의 준비를 하는 것은 좋으나 긴장을 하거나 두려워할 필요는 없다.

(3)의 경우는 조금 황당한 경우이지만 의외로 많이 발생하는 경우이다. 면접관의 입장에서는 전혀 압박하려는 의도가 없고 평가를 하기 위해서 질문을 한 것인데 지원자 스스로 압박이라고 생각하는 경우이다. 자소서의 내용이나 면접에서 말했던 내용이 신뢰가 가지 않았을 수도 있지만 단순히 답변 내용에 관심이 있어서 추가적으로 질문을 한 것일 수도 있다.

필자가 면접에서 직접 봤던 사례이다. 옆의 지원자가 "일본 사람들을 안내하는 일을 했습니다"라고 했다. 그런데 면접관 중에 일본어를 할 수 있는 분이 계셨는데 지원자에게 그

때 했던 것을 다시 한번 해보라고 시켰다. 지원자는 "일본분들이 오시면 인사하고 이쪽으로 가라고 말해드리고…"라고 말하고 있는데 면접관이 실제 그때 했던 것처럼 직접 해보라고 했다. 그러자 지원자는 당황하면서 "사실 그때 일본어를 한 것은 아니고 인사하고 종이만 나눠줬다"고 말했다. 그 면접관이 단순히 궁금해서 물어봤을 수도 있고, 거짓말처럼 보여서 해보라고 했을 수도 있다. 실제로 일본에서 그렇게 일을 했으면 면접관이 기회를 줬을 때 압박으로 느껴지지 않고 오히려 어필할 수 있는 좋은 기회가 될 수 있었다. 하지만 하지 않았던 것을 실제 한 것처럼 말을 하려다 보니 직접 해보라는 요청이 강한 압박으로 느껴졌고 안 좋은 결과를 가져왔다. 정확하게 기억나는 사례만 언급하자. 경험을 부풀리기보다는 내가 했던 경험 중에서 의미 있었던 것을 잘 나타내고 느낀 점과 배운 점을 잘 답변하면 오히려 자신감도 생기고 어떤 질문이 와도 당황하지 않고 답변할 수 있다.

면접관이 압박을 한다는 것은 그만큼 좋은 후배를 뽑고 싶고 검증하고 싶기 때문이다. 면접관들은 우리 회사로 들어올 후배들의 반가운 얼굴을 빨리 보고 싶고 우리를 합격시켜주기 위해서 현업을 뒤로한 채 고생하고 있는 것이다. 그러니 그러한 마음을 기억하고 압박이라고 느끼지 말고 관심이라는 것을 알아야 한다. 실제로 면접관의 입장이 되어보면 느끼겠지만 아기가 걸음마 할 때 옆에서 잡아주지 않고 스스로 일어설 수 있도록 지켜보고 있는 부모의 입장 정도로 생각 하면 좋다. 도와주고 싶지만 혼자 할 수 있을 때까지 기다려주며 지원자가 잘했을 때는 흐뭇해할 것이다.

## 9

# 용기 있는 지원자가 면접관의 마음을 얻는다

어떤 후배에게 더 정이 가는가?

① 나를 두려워하고 긴장하는 후배
② 친근하게 다가오는 후배

면접관도 일반적으로 예의는 갖추면서 친근하게 다가오는 지원자에게 호감을 느낀다.

그리고 부서에 한 명쯤은 분위기 메이커가 필요하다. 힘든 업무로 피곤할 때에 활력을 불어 넣어줄 신입사원이 있으면 사무실 분위기가 달라진다. 회사생활을 오랫동안 하신 분들에게 신입사원의 능력 차이는 크게 느껴지지 않는다. 어차피 처음부터 가르쳐야 한다면 사교적인 후배를 원하지 않겠나? 모든 능력을 갖추어서 남들에게 어필하기보다는 여유를 보여주어 호감을 갖게 하라. 부담스럽게 생각하지 말고 면접관에게 다가가는 용기를 가져라.

# 10

## 면접 평가의 황금비율 7:3

면접 평가는 시각적, 청각적인 요소가 7~80%를 차지하며, 내용은 2~30% 정도의 영향을 준다고 한다. 그만큼 면접에서는 내용 외적인 부분이 중요하다는 것이다.

말하는 것과 관련 없는 것은 시각적인 요소, (1) 시선처리 (2) 표정 (3) 자세 (4) 복장 (5) 태도 (6) 제스처 등이 있고, 말하는 것과 관련된 청각적인 요소, (7) 말의 속도 (8) 목소리 크기 (9) 억양 (10) 발음 (11) 말투 (12) 목소리 톤 등이 있다.

모든 것은 너무 과하지 않고 적절하게 하는 것이 좋다. 청각적인 요소보다 먼저 눈에 들어오는 시각적인 요소들을 알아보자. 우리가 인사를 하고 대화를 하기 전에 상대방을 보고 평가하고, 선입견을 갖게 된다. 그래서 첫인상이 정말 중요하다. 외모를 중시하거나 섣불리 판단해버리는 것이 아니라 복장이나 자세, 태도 등 시각적인 면에서 좋은 평가를 받으면 청각적인 요소에 영향을 준다. 그러므로 시각적인 요소에 더 관심을 갖고 연습해야 한다.

## 시각적인 요소

### (1) 시선처리

질문한 면접관 외에도 아이 콘택트를 하자. 옆의 지원자에게는 눈길을 줄 필요가 없다. 면접관의 수를 고려하여 나에게 질문한 면접관만 보고 말하지 않고 시선을 분산해서 대화하는 것이 좋다. 질문한 사람만 바라보게 되면 부담스럽고, 다른 면접관과도 소통하기 위해서 시선을 분산시켜야 한다. 시선을 돌릴 때에는 너무 자주, 빠르게 옮기지 말고 질문을 한 면접관 위주로 봐야 하고, 문장을 마치고 시선을 이동하는 것이 안정적이다. 또 나의 이력서나 자소서를 읽고, 무언가를 적고 있는 면접관이 있다면 그때에는 시선을 주지 않아도 좋다. 또 주의해야 할 점은 다른 지원자가 답변을 하고 있는 경우에도 땅을 보거나 허공을 쳐다보는 등의 행동을 하지 말고 면접관 쪽을 바라보며 면접에 집중하는 모습을 보여야 한다.

### (2) 표정

면접관이 중요시하는 것은 얼굴 자체보다는 표정이다. 표정을 보면서 그 사람의 감정을 예측하곤 한다. 온라인상에서 대화를 할 때에도 이모티콘이나 웃음소리를(ㅎㅎ 등) 많이 보냄으로써 좋은 감정을 나타낸다. 이모티콘이나 웃음소리가 많으면 같은 말을 하더라도 훨씬 부드럽고 긍정적으로 받아들여지기 때문이다.

표정이 안 좋아지는 이유를 알면 왜 표정이 마음을 반영하는지 알 수 있다.

**표정이 안 좋아지는 이유, 원인**

① 큰 소리를 내야 할 때
② 집중할 때
③ 말을 알아듣기 힘들 때
④ 생각을 많이 할 때
⑤ 기억이 나지 않을 때
⑥ 상대방의 표정이 안 좋을 때
⑦ 습관적으로 표정이 안 좋을 때
⑧ 답답할 때
⑨ 불편할 때
⑩ 부정적인 생각을 할 때
⑪ 기분이 나쁠 때
⑫ 당황했을 때
⑬ 잘 안 보일 때

13가지의 어떤 경우라도 긍정적인 것은 없기 때문에 안좋은 표정을 보면 자연스럽게 부정적인 이미지를 갖게 된다. 평소에 꾸준히 웃는 연습을 해야 습관이 된다.

표정을 만드는 방법 몇 가지를 알아보자.

① 많이 웃는다.

② 미소를 자주 짓는다.

③ 걱정이나 스트레스를 빨리 떨치고 의도적으로 웃어서 표정을 바꾼다.

④ 거울을 자주 보고, 웃을 때에 한쪽 입 꼬리만 올라가지 않도록 좌우 균형을 맞추자.

⑤ 면접에 들어가기 전에 미소를 짓고 검지손가락을 이용해서 양 입꼬리를 강하게 올려준다. 그렇게 하고 들어가면 무표정으로 있을 때에도 미소를 살짝 유지할 수 있게 된다.

⑥ 사진모델들이 사진 찍기 전에 실제로 하는 방법인데 면접에 들어가기 전에 면접에 대한 생각은 잠시 내려두고 가장 좋았던 생각들이나 면접에 합격하는 상상을 하는 것이다. 면접관들이 나에게 호감을 느끼고 있다고 상상한 후에 면접에 들어가면 자연스러운 표정이 되고 실제로 나에게 호감을 느끼게 된다.

## (3) 자세

허리와 어깨를 펴고 있어야 자신감 있는 모습으로 보이고 더 자신감 있게 행동할 수 있다. 초등학교 때 배운 올바른 자세를 면접 동안 유지해야 한다. 면접자세가 습관이 되지 않으면 면접 자리에서 하기 힘들다. 평소에 연습해서 정자세로 앉을 수 있는 근육들이 발달해야 가능한 것이다. 인터넷에서 면접자세를 찾아보고 그 자세로 말해보자. 자세는 경직되지 않게 하고 팔은 뻗지 말고 자연스럽게 다리 위에 올려둔다. 한쪽으로 치우치거나 자세를 너무 많이 바꾸면 산만해 보인다. 면접장에 처음 들어와서 인사하는 것부터 연습해보자. 한두 번 해본 사람과 안 해본 사람은 분명한 차이가 있다.

## (4) 복장

얼굴이나 키처럼 자신의 노력으로 변하지 않는 것은 사실 면접의 평가대상이 아니다. 그것을 보고 사람의 인성이나 능력, 역량을 판단할 수 없고 판단해서도 안 된다. 그러나 의상에는 관심을 가질 필요가 있다. 의상은 튀지 않는 것이 좋다.

남자는 정장 또는 사전 안내에 따라서 입는다. 직원의 안내에 따라서 외투를 벗어도 되지만 외투를 입고 있는 것이 바른 자세를 유지하는 데 도움이 되고 자세를 바르게 보이도록 하므로 면접장에 들어갈 때에는 되도록 외투를 입자.

머리: 귀가 보이고, 앞머리는 이마를 가리지 않게

정장: 면접 연습을 할 때 미리 정장을 입어서 자연스럽게 만들고

구두: 새로 산 구두의 경우 미리 신어서 부드럽게 만들자.

여자는 보통 정장 또는 정장 스타일의 옷을 입는다. 학생이 아닌 직장인의 느낌이 신뢰를 줄 수 있다.

치마: 너무 짧지 않고 오래 앉아 있어도 편한 것으로

상의: 단추를 많이 풀지 않도록 하자.

염색, 탈색: 면접 전에 단정하게 준비

면접관은 대체로 특이한 머리 스타일이나 과한 화장은 좋아하지 않는다.

## (5) 태도

태도는 정말 중요하고 많은 것을 포함하고 있다. 태도는 면접관과 면접을 대하는 태도를 말한다. 태도는 면접을 얼마나 중요시하는지, 최선을 다하는지에 대한 전반적인 모습들이다. 지속적으로 신경 쓰고 있는지, 면접관의 질문을 얼마

나 주의 깊게 듣는지, 처음의 모습을 얼마나 끝까지 유지하는지, 압박이 있거나 실수를 하더라도 당황하거나 포기하지 않고 끝까지 최선을 다하는지 등에 대한 것들을 평가하게 된다. 또 잘 아는 질문이나 모르는 질문에도 답변하는 모습을 일관성 있게 유지하는 것이 중요하다.

회사는 그러한 태도를 갖춘 인재를 원하고 면접관들은 태도가 좋은 인재를 뽑아야 한다.


(6) 제스처

크게는 답변할 때에 손을 사용할 때에 사용하고, 질문을 듣거나 대화를 할 때에 고개를 끄덕이는 것 정도를 볼 수 있다. 목소리나 열정의 크기와 비례하게 손 제스처를 사용하면 된다. 손을 너무 빠르고 내용과 상관없이 움직이거나 거슬리게 하면 집중하는 것을 방해하고 산만해 보일 수 있다. 제스처는 필요한 때에만 의도적으로 사용하고 어색하다면 사용하지 않는 것이 좋다. 제스처는 면접을 할 때와 프레젠테이션을 할 때에 다르게 적용하는데 앉아서 면접을 할 때는 손이 내 몸을 너무 벗어나지 않게 하며 말을 편하게 하기 위한 목적으로 사용하면 된다.

프레젠테이션을 할 경우, 청중의 이해를 돕고 시선을 끌기 위해서 사용한다. 내가 주로 쓰는 손이 칠판이나 스크린 쪽으로 오도록 서야 하고 마이크나 대본은 잘 사용하지 않는 손으로 들고 자연스러운 손으로 제스처를 하면 된다. 그렇지 않으면 면접관을 등지고 설명하게 된다. 스크린을 가리킬 때에는 한곳을 가리킨 후에 손을 떨거나 움직이지 않도록 하고 화면과 면접관의 얼굴에 시선을 자주 옮기지 않도록 하는 것이 좋다.

**청각적인 요소**

청각적인 요소는 답변 내용이 좋고 나쁨에 관계없이 내용을 잘 전달하기 위한 소리와 관련된 모든 것이다. 이러한 것들은 연습 하지 않으면 평소의 습관대로 나오기 때문에 연습을 꼭 해야 하는 부분이다.

## (7) 말의 속도

말의 속도가 굉장히 중요하다. 면접 질문에 답변을 해보면 처음에는 말이 빠르게 안 나오고 심한 경우 말을 잇지 못한다. 많은 지원자들이 가장 어려워하는 것이다. 면접 질문에 계속 답변하다 보면 입에 익어서 점점 쉬워지고 빨라지는 것을 볼 수 있다. 지원자들과 면접 트레이닝을 하다 보면 하루 만에도 첫 동영상과 마지막 동영상의 실력 차이가 매우 크다. 방법에 따라서 엄청나게 성장할 수 있다.

면접연습을 하면서 가장 어려운 것 중의 하나가 말이 느리다는 것이다. 이것을 극복하지 못하면 면접을 하는 내내 실수를 하게 된다. 이것을 극복하는 방법을 몇 가지 알아보자.

첫째, 책을 많이 읽는 것이다. 어떤 종류든 책을 많이 읽으면 문장을 조금 더 쉽게 말할 수 있게 된다. 책을 소리 내어 읽으면 더 좋다. 대화하듯이 소리 내서 책을 읽는 것도 초반에 큰 효과를 볼 수 있다.

둘째, 혼자서 아무 말이나 해보는 것이다. 많이 해보면 무슨 말을 해야 할지 빠르게 생각하게 되어서 문장을 말하는 도중에 끊기지 않게 된다. 필자의 경우에는 영어공부를 할 때에 영어책을 소리 내어 읽으며 공부를 했다. 그렇게 해서 영어로 빠르게 말 할 수 있게 되었다.

셋째, 문장과 문장의 사이에 약간의 텀을 두는 것이다. 어차피 연습이 목적이므로 빨리 말할 필요가 없다. 우리가 영어로 말할 때, 먼저 완벽한 문장을 생각하고 난 뒤에 말을 한다. 우리와 어순이 다르고 맞는 단어를 생각해야 하기 때문이다. 면접에서도 말할 문장을 미리 생각하고 문장이 완성

되면 말을 하는 것이 효과적이다.

그리고 말하는 도중에는 문장이 잘 되었는지 잘못되었는지 생각하지 말자. 이미 완성된 문장을 말하는 것이기 때문에 생각한 대로만 말하면 된다.

그리고 문장을 다 말하고 나서는 다시 말을 멈추고 다음 문장을 생각하는 것이 좋다. 한 문장씩만 생각하도록 하자.

넷째, 최대한 빨리 말해보자. 말이 느려지면 듣는 사람도 말하는 사람도 지루해지고 내용을 이해하는데 어려움이 생긴다. 그래서 쉽게 말할 수 있는 내용으로 연습해야 한다. 노래 가사도 좋고, 하고 싶은 말을 자유롭게 해도 좋다. 알고 있는 이야기의 줄거리를 반복해서 해도 좋다. 빨리 말하면 빨리 생각하는 연습이 되어 말을 잘할 수 있게 된다.

## (8) 목소리 크기

목소리 크기는 너무 크거나 작으면 좋지 않다. 거울을 보거나 동영상을 찍으면서 목소리를 크게 해보자. 그러면 표정이나 말투도 자연스럽게 딱딱해질 것이다. 큰 소리를 내기 위해서 목에 힘을 주면 표정이 딱딱해져서 날카롭거나 공격적으로 보일 수 있다. 너무 작은 목소리로 말하면 자신감이 없어 보이고 사회성이 떨어져 보인다. 내용이 잘 들리지 않는 경우에는 많은 감점이 될 수 있다.

면접관이 받아들인 만큼 평가를 받는다. 지원자는 100을 말했지만 면접관이 70을 알아들으면 70점으로 평가된다. 평소의 목소리로 말을 하되, 면접관의 수와 가장 먼 면접관과의 거리를 고려하자. 프레젠테이션의 경우 서서 많은 사람의 앞에서 말을 하는 경우이므로 목소리를 크고 정확하게 하며, 인성면접의 경우에는 대화를 하기 때문에 평소의 목소리로 말하며 부드럽게 말해야 한다.

가장 좋은 방법은 면접관의 목소리 크기와 비슷하게 하면 좋다. 면접에 처음 들어가서 인사를 하게 되면 조금 큰 목소리로 시작하면 좋다. 첫 목소리를 잘 잡는 것이 중요하다. 대답을 하는 도중에 내 목소리가 작다고 생각되면 그때라도 조금 크게 해야 한다.

## (9) 억양(악센트)

억양은 크게 사투리와 표준어로 구분할 수 있다. 사투리가 심하다면 표준어를 쓰는 사람은 못 알아들을 수가 있기 때문에 표준어를 쓰도록 노력해보자. 그리고 말이 빠르다면 조금 천천히 말하는 게 좋다. 사투리는 표준어와 높낮이가 다르고, 몇몇 단어가 다르고, 억양(악센트)도 다르기 때문에 고려해서 말해야 한다. 또 강조할 것은 강하게 말하는데 강,

약의 차이를 너무 크지 않게 해야 한다.

## (10) 발음

면접에서 발음이 차지하는 비율은 크지 않다. 그러나 목소리가 탁하거나, 목소리가 작거나, 느리다면 발음이 부정확한 것이 크게 느껴진다. 올바른 발음을 사용하게 되면 신뢰도를 높일 수 있고 자신감이 있다고 느껴진다. 말끝을 흐리지 말고 정확하게 발음하자.

## (11) 말투

말투에서 가장 문제가 되는 것은 말끝을 흐리는 것이다. 내가 하는 말에 확신을 갖자. 오히려 문장의 끝을 조금 더 힘주어서 말하면 신뢰를 줄 수 있다. 지원자가 말끝을 흐릴 때 면접관이 답답함을 느끼는 이유는 정해진 시간 내에 질문을 하고 평가를 해야 하는 입장이기 때문이다. 대답을 정확하게 끝마쳐주면 다음 질문을 할 수 있는데 말끝을 흐리면 혹시나 면접관이 지원자의 말을 끊는 것은 아닌지, 다음 질문하기가 망설여진다. 그래서 말끝을 흐리지 않는 것은 중요하다. 답변을 다했는데 마무리가 잘 안되었다면 면접관들이 알 수 있도록 "이상입니다" 또는 "감사합니다", "그렇습니다" 등의 마무리 멘트를 하거나 고개를 0.5초 정도 살짝 내렸다가 올려주면 답변을 마친 것으로 이해한다. 그러면 면접관이 듣고자 하는 내용이 조금 부족하더라도 다시 질문을 하거나 다음 질문으로 자연스럽게 넘어갈 수 있다.

## (12) 목소리 톤

목소리의 높낮이를 말하는데 높은 목소리도 있고 낮은 목소리도 있다. 남자 지원자의 경우는 상대적으로 목소리가 낮고 빠르지 않을 때에 신뢰도를 갖게 된다. 여자의 경우 목소리가 예쁘면 좋겠지만 그렇지 않더라도 목소리에 신경을 쓰고 있다는 인상을 주는 것만으로도 좋게 평가될 수 있다. 중요한 것은 높낮이가 너무 높고 낮은 것을 반복하게 될 경우 듣기가 힘들다. 강조를 하거나 특정 단어를 말할 때에 목소리를 높이는 경우가 있는데 면접 동영상을 찍어서 스스로 모니터링해보면 쉽게 고칠 수 있다.

그리고 평소에는 그렇게 하지 않지만 면접 때만 되면 꼭 말끝은 올리는 걸 볼 수 있다. 그렇게 하는 이유는 다음 말이 생각이 나지 않아서 시간을 끌거나 생각을 하거나 영어공부를 하면서 말끝을 올리는 게 습관이 되어서 그렇게 말하기도 한다. 그러나 말끝마다 음을 높이는 것은 듣기 불편할 수 있고 말에서 신뢰를 느끼기 어렵다. 의도적으로 말끝을 내려서 정확하게 말하자.

# 면접 마인드

# 요점

**# 여러분이 면접에서 잘 되길 바라는 분들이 많다는 것을 꼭 기억하라.**

가족 외에도 학교에서 선생님들, 교수님들이 여러분의 취업을 바라고 있고, 직장 선배들은 좋은 후배를 뽑고 싶고, 국가적으로도 취업률을 올리고 실업률을 줄이기 위한 노력을 하고 있다. 필자 또한 지원자들이 좋은 곳에 취업하기를 간절히 원한다.

**# 취업될 때까지 준비하겠다는 생각은 위험하다.**

단기, 중기, 장기 계획을 세우자. 못 지킬 것을 우려하지 말고 일단 세우고 보자. 취업 시기가 늦어질수록 취업은 어려워진다. 최대한 노력해서 빨리 취업을 하길 바란다. 눈높이를 너무 높게 하지 말고 나에게 주어진 시간과 기회를 놓치지 말자. 기업에서 나이 어린 지원자를 좋게 평가하는 이유가 크게 두 가지 있다.

(1) 상대적으로 어린 나이에 취업준비를 끝낸 지원자는, 회사에서 직원에게 과제를 주었을 때 같은 시간 동안 더 효율적으로 일하며 높은 생산성을 낼 수 있을 것이라고 판단한다.

(2) 직원들 간에 직급체계에서도 나이가 많은 후배한테는 평소처럼 업무를 지시하기 어렵다. 지금 당장 기한이 있는 목표를 세우자.

나의 최종 목표를 취업으로 세웠다면

## 목표를 세울 때

(1) 목표가 무엇인지(기업명, 목표하는 능력)

(2) 어느 정도 수준까지 할 것인지(회사에서 제시한 기준)

(3) 언제까지 할 것인지(취업 시기)

(4) 목표를 달성하려는 이유는 무엇인지(지원동기)를 같이 정해야 한다.

## 목표를 세우지 않으면

(1) 동기부여도 되지 않고

(2) 잘하고 있는 건지 확인할 수도 없고

(3) 우선순위를 생각하기 힘들고

(4) 하루에 몇 시간을 투자 할 것인지 세부계획도 세우기 힘들다.


# 면접 전날부터 면접의 시작이다.

전날에는 잠자는 것도 면접을 위해서, 밥도 면접을 위해서 먹고, 모든 행동을 면접에 맞춰라. 전날 뭘 먹었는지 몇 시에 자는지 목 상태는 괜찮은지까지 면접의 컨디션을 관리한다. 필자의 경우에도 면접 전날에는 기름진 음식은 먹지 않는다. 아침 면접이면 면접 당일도 간단하게 먹고 면접이 끝나면 편하게 밥을 먹는 편이다. 면접장에 가면서 마주쳤던 사람들, 택시를 잡으면서 만났던 사람들, 회사 현관에서 마주쳤던 사람들도 언제든 면접에 영향을 줄 수 있다고 생각하고 조심하자.


# 면접에서는 지원자가 아니고 신입사원처럼 조심스럽게 행동하자.

면접에 가면 명찰을 차고 있기 때문에 눈에 띄기 쉽다.

신입사원 교육에서 일어난 일이다. 단체 관광버스로 연수장에 도착했고 짐을 내리고 있었다. 버스 짐칸에 가니까 어떤 분이 짐을 꺼내고 계셨다. 다들 자신의 짐을 기다리며 "안쪽에 제 짐도 꺼내주세요"라고 말하는 사람도 있었다. 그렇게 각자의 짐을 가지고 교육장으로 이동해서 교육을 받으려고 기다리고 있는데 교육 총책임자로서 낯익은 사람 한 명이 무대로 올라왔다. 아까 그 짐을 꺼내주시던 분이었다. 그때 교육생들은 많이 놀랐고 자연스럽게 본인의 행동을 되돌아보는 시간을 가졌다.

'끝날 때까지 끝난 게 아니다' 면접장에 들어갈 때부터 나올 때까지 면접이 아니라 아침에 눈 뜨면서 밤에 잠들기까지 면접이라는 것을 잊지 말아야 한다.

# 취업준비 전, 진로부터 정해라.

면접에 가기 전에 꼭 가고 싶은 회사가 맞는지 먼저 생각해봐야 한다. 합격하고도 입사를 고민하는 회사라면 확실히 결정하고 면접에 가길 바란다. 전공을 선택했을 때에도 마찬가지로 성적에 맞춰서 학교와 전공을 선택했다. 학교가 직장이라면 전공은 직종이다. 나랑 맞지 않는데 성적에 맞춰서 어쩔 수 없이 선택해버린다면 나중에 돌리기는 힘들고 큰 손해를 감수해야 할 수도 있다.

# 1

## 취업을 준비하기 전에 꼭 알아야 할 것 3가지!

### (1) 면접의 '최종 목적'은 취업이 아니다.

우리는 마치 '취업'이 '최종 목적'인 것처럼 생각하는 경향이 있다. 일부 지원자들은 취업을 위한 준비는 하지만 그 후에 직장생활에 대한 관심이 크게 없다. 학교에서는 '진학', '시험' 또는 '졸업'을 목적으로 공부하기도 한다. 그러한 생각들이 계속 이어져서 '입사'에만 모든 초점을 맞춘다. 그러나 취업은 사회생활의 시작일 뿐이다. 취업 후에 회사 생활에 잘 적응하려면 면접 준비와 일할 준비도 같이 해야 한다.

### (2) 우리는 '을'이 아니다.

무조건 회사는 '갑', 지원자는 '을'이 아니다. 물론 면접에서 회사는 지원자의 합격, 불합격을 결정할 수는 있지만 애초에 회사를 선택하는 것은 지원자였다. 회사도 신규인력이 필요하고 그에 따라서 많은 돈을 지불하고 홍보와 채용 프로세스를 위해서도 많은 투자를 한다. 회사가 지원자를 채용하지 못한다면 회사 입장에서는 더욱 큰 손해이다. 그래서 더 좋은 지원자를 뽑기 위해서 많은 노력을 하는 것이다. 좋은 기업은 당연히 지원하는 사람이 많을 것이고 반대로 능력이 있는 지원자는 많은 회사로부터 좋은 평가를 받는 것이다. 회사와 지원자와의 관계는 '갑'과 '을'처럼 고정적인 관계가 아니고, 얼마나 준비가 되었는지 아닌지에 따라 달라진다.

## (3) 정답은 없다. 다만 확신을 가져라.

자소서, 면접에 대한 일반적인 Tip과 가이드는 참고자료일 뿐이다. 절대적인 것이 아니다. 그러니 일반적인 Tip과 가이드를 맹신하거나 무조건 따라서는 안 되고 정확히 판단한 후에 받아들이고, 책에 있는 내용을 바탕으로 여러 가지 시도를 해보면서 본인에게 맞는 방법을 찾아야 한다. 기업과 부서의 분위기, 상황, 시기, 상대방 등에 따라서 Tip과 가이드는 달라질 수 있다. 자신이 한 언행에 대해 잘잘못을 정확히 나눌 수는 없다는 것이다. 소신껏 자신 있게 한다면 분명히 면접관들은 좋게 평가할 것이며, 오히려 이것이 맞는 것인지 틀린 것인지 생각하며 행동을 망설인다면 어떤 행동을 하든, 면접관의 눈에 좋게 보일 수 없다.

면접을 보면 내가 생각하지 않은 방향으로 흘러갈 수 있다. 미리 방향을 선정해두고 말과 행동을 하려는 것은 좋지만 계획대로 되지 않았다고 당황하면 안 된다.

## 2

## 나는 얼마나 절실한가?

면접 보기 2~3일 전에는 면접에 대한 압박이 매우 강하다. 그래서 그전까지는 부담스러워서 시작하지 못했던 지원자도 발등에 불 떨어지면 면접 준비를 해야겠다는 생각이 들게 된다. 그러면서 늦게 시작한 것에 후회를 한다. 하지만 정말 취업이 간절하다면 반드시 해야 하는 면접 준비를 미리부터 시작하고 원하는 만큼의 실력이 될 때까지 연습하고 노력해야 된다. '나는 절실하다'고 아무리 외쳐도 노력하지 않으면 소용이 없다는 것을 잘 알 것이다. 회사에 대한 정보, 회사의 인재상, 면접관들의 입장, 생각, 나와 맞는 기업, 부서, 면접 스터디 등 준비할 것을 생각하고 알아보며 나에게 맞는 준비를 해야 한다.

취업 성공의 길은 다양한 방법으로 노력하는 것 뿐이다. 절실하면 절실할수록 남보다 더 열심히 하는 길밖에 없다. 생활 속에서 면접 준비를 하면 따로 준비할 것이 없다. 여러 방향의 질문을 생각하면서 답변을 해보는 것을 생활화하면 자연스럽게 연습이 된다. 내가 하는 말을 염두에 두면서 말하는 것, 면접 기출문제를 혼자 생각하고 대답해보는 것으로도 충분히 연습할 수 있다. 꾸준히 해온 사람과 늦게 갑자기 시작한 사람은 결과에서 차이가 난다.

평소에 연습을 하지 않은 사람은 면접관이 기대하는 대답을 하기 어렵기 때문에 지원자의 회사에 대한 애정과 성실성이 부족하다고 판단될 수 있다. 취업이 간절하다면 회사에 대한 정보도 찾아보고, 면접 연습도 많이 해봤을 것이다. 결론은 더 간절한 사람이 합격하게 된다는 뜻이다. 그러니 제발 간절해져라. 정말 절실하면 '이것이 도움이 될까? 겨우 이거 한다고 달라지겠어?'라는 생각을 할 여유도 없다. 정말 물에 빠진 사람이 지푸라기라도 잡는 심정으로 최선을 다해라. 그러면 결과가 좋아질 수밖에 없다.

필자는 지원자들에게 취업, 면접 준비를 하는 방법과 좋은 노하우를 강의하고 있다. 그리고는 마지막에는 "좋은 방법도 중요하지만 정말 중요한 것은 절실함, 절박함이다. 절실함만 충분하다면 방법이 어찌 되었든 스펙이 부족할지라도 면접관이 알아볼 수밖에 없고 합격할 수 있어"라고 말한다.

절실함에 대해 잠깐 생각해보자. 예전에 취업을 준비하고 있는 지원자에게 절실함의 효과에 대해 설명하고 절실함을 가지라고 했다. 절실함을 말로 표현한다고 모두 다 믿지는 않겠지만 몇 가지 생각해보자.

① 절실함이 있으면 어려움이나 부끄러움을 이겨낼 수 있다.
② 절실한 만큼 질문에 성실하게 답하게 된다.
③ 정신적, 시간적 여유가 없다.
④ 절실한 것을 얻었을 때는 진심으로 고마워할 것이다.

면접관은 왜 능력은 있지만 간절하지 않은 사람보다는 능력이 부족하더라도 간절한 사람을 뽑으려고 할까? 대부분의 문제는 몰라서 못하는 것보다는, 아는 것도 하지 않기 때문에 생기기 때문이다.

신입사원 중에 인사하는 방법을 몰라서 안 하는 사람은 없지만 귀찮아서, 하기 싫어서 안하는 사람은 있다. 매뉴얼을 몰라서 문제가 생기기보다는 매뉴얼대로 안 해서 문제가 생기는 경우가 더 많다는 것을 알고 있다.

또 능력은 좋지만 합격 후에 다른 기업으로 갈 수도 있다. 그래서 능력이 부족해도 절실해 보이고 우리 회사에 오래 다닐 것 같은 지원자를 채용한다.

필자도 기업 한 군데밖에 지원하지 않았고 다른 곳에는 취업하지 않겠다는 생각이었다. 그래서 면접이 더욱 간절했고 중요했기에 간절한 마음으로 최선을 다했고 그것이 면접관들께 전달되었던 것 같다. 정말 절실한 마음이 있다면 절실한 만큼 노력을 하게 된다. 그러면 취업의 문은 활짝 열릴 것이다.

# 3

## 면접까지 왔다면 스펙은 잊어라

면접을 볼 기회가 주어졌다면 스펙이 아닌 면접 연습을 해야 한다. 면접 준비가 안 된 상태에서 면접을 보면 자신감도 없고 면접관의 질문과 말 한마디에 휘둘리게 된다. 지원자가 면접에서 보여줄 것이 없으면 면접관은 지원자가 아닌 이력서에 눈을 돌리게 된다. 그래서 이력서와 스펙에 대한 질문을 하게 된다. 그렇기 때문에 지원자는 답변을 잘하지 못하고 끝난 후에는 면접 때 면접관이 질문했던 학업성적을 원망하고 영어성적을 더 올리기 위해서 다시 스펙에 시간을 투자한다.

면접관이 옆 지원자에게 "○○○ 씨는 영어 성적이 높네요? 영어공부 많이 하셨나 봐요?"라고 한마디라도 하면 마치 그것 때문에 면접관들이 그 사람을 합격시키고 영어점수가 낮은 나를 탈락시켰다고 생각하면서 영어공부를 더 하려고 할지도 모른다. 그러나 생각해보자. 영어성적으로 떨어뜨릴 거라면 왜 면접을 봤을까. 면접관들은 그렇게 한가하지 않고 영어성적으로 합, 불을 평가하지도 않는다. 다만 영어를 소재로 면접관이 질문한 것이고 그걸 옆에서 들었던 나는 상대적으로 위축되어 면접에서 잘 못하고 떨어진 것이다. 그러니 옆의 지원자를 칭찬하든지 말든지 위축되지 말자. 내 것만 잘하면 된다.

자격증 시험을 볼 때에 1차 필기에 합격하면, 2차 실기 공부만 하는 것이 당연하다. 다들 그렇게 하고 있다. 면접도 마찬가지로 서류전형이 끝남과 동시에 면접에 몰두해야 한다. 계속 스펙만 쌓고 있으면 늦는다.

면접에서는 지원자가 가지고 있는 모든 능력을 검증하기가 힘들다. 능력을 검증하는 것이 주된 목적이었다면 시험을 보거나 프레젠테이션을 시켰을 것이다. 면접까지 왔다면 어느 정도 스펙은 증명된 것이다. 서류전형도 합격했고, 인적성도 통과했다면 많은 인원들을 탈락시키며 이 자리까지 왔기 때문에 더 이상 스펙으로 기죽을 필요가 없다. 스펙 때문에 떨어지는 경우는 매우 적다. 스펙이 부족해서 떨어졌다고 생각한다면 스펙을 쌓아야 하고 영어성적이 부족하면 영어성적을 높이는 것은 맞다. 그러나 최종면접에서 떨어지는 지원자들의 대부분은 면접 연습을 충분하게 안 했기 때문이다. 그러나 지원자들이 면접 연습을 안 해서 떨어졌다는 것을 받아들이지 못한다. 면접관은 면접 실력이 부족해서 불합격시켰지만 지원자는 스펙이 부족해서 면접을 못 봤다고 생각해서 면접에 떨어진 후에 스펙을 더 쌓는 경우도 있다. 떨어진 원인을 빨리 깨달아야 진짜 합격을 위한 준비를 할 수 있다. 다른 스펙을 더 갖추면 면접 실력이 부족해도 합격할 것 같은 생각으로 스펙을 준비한다. 그러나 그것은 잘못된 생각이다. 다음 문제를 풀어보자.

## 1번 문제

지원자가 전교 등수를 높이고 평균점수를 높이기 위해서 한 과목을 공부한다면 어떤 과목을 공부해야 할까?
① 과학 (100점) ② 영어 (98점) ③ 체육 (50점)

정답: ③ 체육 (50점)

100점의 개수가 많아야 더 잘하는 것이 아니다. 점수가 가장 낮은 과목을 공부해야 등수와 평균점수를 올릴 수 있다.

## 2번 문제

자격증 필기시험을 합격하려면 A, B, C 과목 3과목 평균이 60점 이상이 되어야 하고, 한 과목이라도 40점 미만이면 과락으로 불합격이 된다.

① A과목 (100점) ② B과목 (39점) ③ C과목 (50점)
인데 세 과목 중에 한 과목만 공부해야 한다면 어떤 과목의 점수를 올려야 합격할 수 있을까?

정답: ② B과목 (39점)

1번 문제에서는 평균점수를 올리기 위해서 점수가 가장 낮은 체육을 공부해야 하고 2번 문제에서는 당연히 B과목을 준비해야 합격할 수 있다. 이것처럼 취업도 서류전형이든 면접이든 하나라도 부족하면 다른 것을 아무리 잘해도 떨어질 수밖에 없다.

2번 문제에서 100점을 맞은 A과목은 평균점수를 높일 수는 있지만 면접 실력이 기준보다 미달이면 합격할 수가 없다. 스펙이 더 좋으면 심리적인 안정이 되고 더 이로운 위치에 있는 것은 맞다. 그러나 나에게 필요한 부분만 준비하면 된다.

아무리 예쁜 옷도 사기 전에 입어 보는 이유는 옷이 예쁜 것보다 나한테 어울려야 하기 때문이다. 옷만 봤을 때는 예쁘지 않았는데 입어 보니까 생각보다 어울릴 수도 있고, 내가 가진 다른 옷과 비교해봤을 때 매치가 될지도 생각하고 사곤 한다.

남의 스펙이 좋아 보인다고 무조건 준비할 것이 아니고 나에게 필요하고 다른 스펙들도 생각해서 어울리는 것을 준비하는 게 맞다. 또 면접이 준비되면 오히려 면접에 대한 걱정이 없어져서 자소서에 최선을 다할 수 있게 된다. 그렇게 자소서를 잘 쓰면 면접에 가서도 자신감이 생긴다.

## 4

# 회사의 분위기에 맞춰 면접을 다르게 해야 한다

회사의 분위기는 각기 다르기 때문에 내가 가고 싶어 하는 회사의 분위기와 직무에 맞게 나의 콘셉트와 이미지를 맞춰야 한다. 물론 나의 근본은 변하지 않지만 내가 가진 역량이나 분위기를 회사가 원하는 방향으로 강조할 수 있다.

몇 가지 단서를 통해서 분위기를 짐작할 수 있다.

(1) 자소서의 질문을 통해서 회사에서는 어떤 것을 궁금해 하는지 알 수 있고 상황에 맞춰 면접을 하면 된다.

자소서의 질문이 독창적이면 면접스타일도 비슷할 확률이 높고, 자소서의 질문을 면접에서 그대로 하는 경우도 있다.

(2) 면접의 특성을 고려해서 이미지를 설정해라.

가령 임원면접인지, 기술면접인지, 토론, 프레젠테이션 등 다양한 면접에 따라서 이미지를 맞춰보자. 필자의 경우 전공시험이나 전공면접 없이 직무에 대한 PT면접을 봤기 때문에 PT에서 직무에 대한 내용을 충분히 어필하려고 했다. 프레젠테이션에서는 전문적이고 능숙한 모습을 보여주는데 방향을 맞췄지만 임원면접에서는 귀엽고 열정적인 신입사원의 모습으로 방향을 잡았다. 프레젠테이션은 준비된 듯한 모습을, 임원면접의 경우는 자유롭기보다는 약간 보수적인 분위기를 유지하는 것이 좋다. 말장난이라든지 너무 시종일관 웃지 않도록 한다. 자신감 있는 미소 정도로 유지하는 것이 좋다.

## (3) 며칠째 면접을 보고 있는지 파악한다.

면접관에 대한 이해가 필요하다. 면접도 대기업 공채의 경우는 며칠 동안 하는 경우가 많은데 면접기간 초반에는 면접관들끼리 모르는 경우가 많지만 며칠 지나면 면접관들끼리 친해져서 분위기 자체가 좋아지기도 한다. 면접관들끼리도 서로 대화할 만큼 자유로워지면 분위기와 반응을 보면서 조금 자유롭게 해도 좋다. 반면에 며칠 동안 면접만 보면 힘들어지고 오전보다는 오후가 될수록 면접 횟수가 많아지면서 피곤해진다. 또 중소기업의 경우는 1~2명을 뽑는 경우가 많아서 공채가 아닌 수시채용을 하고 면접 횟수가 많지 않은 경우도 있다.

(4) 회사나 직무에 따라서 사무실 분위기나 면접 분위기가
    달라지기도 한다.

필자의 경우는 보수적인 면접이었기에 프레젠테이션 면접
때 농담과 함께 시작하고 싶었지만 분위기상 하지 않았다.
혹시 격식 없는 사람으로 보일 수 있어서 진지하게 면접에
임했다.

또 부서가 개성을 요구하거나 밝은 성격을 요구하는 곳, 고
객을 대해야 하는 서비스업이거나, 면접관이 먼저 웃거나
긴장을 풀어주려고 하는 경우에는 지원자도 여유 있고 밝은
모습을 보이는 것이 좋다.

## 5

## 서류전형만 생각하지 말고
## 취업전형 전체를 생각하고 준비하자

일반적인 취업 프로세스는 다음과 같이 진행된다.

① 서류전형(이력서, 자소서)
② 인적성검사(이하 인적성)
③ 면접
④ 신체검사

그래서 대부분 이 순서대로 준비를 한다. 심한 경우는 서류 합격 발표가 나면 그때 면접을 시작하기도 한다. 그러나 서류전형을 준비할 때 면접 준비를 같이해야 한다. 면접은 오래 걸리고 가장 중요하기 때문이다.

문제집을 사서 풀다 보면 책 앞쪽은 정말 열심히 풀었는데 뒤로 갈수록 깨끗해지는 것처럼 처음에 너무 몰입하다 보니 나중에는 지쳐버린다. 가고 싶은 기업에 서류 지원(자소서)을 하고 결과가 나오기 전까지 다른 기업에 계속 서류 지원을 하다가 서류합격 발표가 나면 그때부터 그 기업의 인적성 책을 구입하고 공부를 시작한다. 미리 인적성 공부를 했는데 떨어지면 시간이 아깝다는 이유이다.

서류전형을 합격하지 못하면 인적성이나 면접의 기회가 오지 않기 때문에 서류전형에 필요 이상으로 많은 시간을 보낸다는 것은 이해가 되지만 보통의 기업에서는 서류 합격자 발표를 하고 나서 얼마 지나지 않아 바로 인적성, 면접을 본다. 그래서 인적성, 면접 준비할 시간이 남들보다 짧아서 합격하기가 매우 힘들다.

서류전형은 합격했고 인적성까지 보고 왔음에도 인적성 준비를 충분히 준비하지 않았기 때문에 불안하다. 그래서 또 다른 기업의 자소서를 쓰며 불안함을 달랜다.

면접은 인적성 결과가 나온 후에 준비하면 된다고 생각하여, 면접 준비를 하지 않는 것이다. 그러나 필자가 7일 동안의 준비로 합격한 이유는 평소에 준비를 해놓았기 때문에 어려움 없이 합격이 가능했던 것이다. 100m 달리기를 10초 만에 뛰는 선수를 이기는 방법은 선수보다 9초 먼저 뛰기 시작하면 된다. 그와 마찬가지로 실력이 부족할지라도 다른 지원자들보다 먼저 시작해서 노력하면 이길 수 있는 것이다. 필자의 경우도 특별한 노하우가 있었던 것이 아니라 남들보다 먼저 시작했기 때문에 빨리 도착한 것이다.

결국 연습이 부족하면 면접에서 떨어지게 된다. 그렇게 1년, 2년 반복된다. 취업이 아니라 무엇을 하더라도 이런 방법으로 하면 정말 어렵다. 서류를 준비하면 서류전형에 합격하고 면접을 준비하면 면접에 합격할 수 있다. 그러므로 반드시 면접 준비를 해야 한다.

# 6

# 우리의 취업을 방해하는 12개의 함정

취업을 방해하는 12개의 함정이 있다.

## 준비할 때

(1) 면접을 너무 늦게 준비하는 것.

(2) 면접장에 가기 전 자소서를 어떻게 썼는지 확인하지 않는 것.

(3) 자신의 단점이나 실수에 대해서 양해를 구하거나 각인시키는 것.

(4) 면접 연습을 하거나 실제 면접을 할 때에 주변의 시선을 의식하는 것.

(5) 나에 대한 이해가 부족하고 생각할 시간을 갖지 않는 것.

(6) 최소한의 노력으로 최대한의 효과를 거두려고 하는 것.

## 면접에서

(7) 말을 하는 도중에 답변이 잘되었는지를 생각하는 것.

(8) 답변 도중에 면접관에게 질문을 하는 것.

(9) 나의 열정을 숨기거나 평범해 보이려고 하는 것.

(10) 은어, 신조어, 인터넷 용어, 줄임말 등을 습관처럼 사용하는 것.

(11) 학연, 지연, 이름, 소속 등의 신상정보를 말하는 것.

(12) 면접에서 모든 내용을 말하려고 하는 것.

## (1) 면접을 너무 늦게 준비하는 것.

서류전형, 인적성을 합격하고서 면접 준비를 시작하면 너무 늦는다. 공통적인 부분에 대한 면접을 준비해서 실력을 늘린 후에 구체적이고 기업에 맞는 면접은 따로 준비해야 한다. 취업할 준비가 되어 있어야 면접까지 갈 수 있다. 면접이 잡히고 나서 면접 연습을 시작하면 너무 늦는다. 면접 준비가 되지 않은 지원자에게는 기회를 주지 않는다.

## (2) 면접장에 가기 전 자소서를 어떻게 썼는지 확인하지 않는 것.

기업마다 질문이 다르기 때문에 자소서에 작성한 내용을 정확하게 파악하고 면접에 가자. 자소서에서의 모습과 면접의 모습이 다르면 좋은 평가를 받지 못한다.

## (3) 자신의 단점이나 실수에 대해서 양해를 구하거나 각인 시키는 것.

면접을 마무리하는 멘트에 "많이 긴장해서 답변을 잘하지 못했지만 답변 잘 들어주셔서 감사합니다"처럼 스스로 긴장했고 부족했다고 말해서 본인의 점수를 깎지 말자.

## (4) 면접 연습을 하거나 실제 면접을 할 때에 주변의 시선을 의식하는 것.

필자는 항상 주변의 시선을 신경 쓰는 편이다. 그런데 그러한 생각은 주변에 방해가 되지 않는다면 면접장에서, 면접 연습 때만큼은 접어둬야 한다. 경쟁자 앞에서 잘난 척을 하는 것 같아서 망설이다 보니 실력 발휘를 하는데 큰 장애물이 되었다. 내가 말을 잘하면 옆 사람에게 부담이 될까 걱정되고, 못하면 비웃음거리가 될까 걱정이 된다. 옆 사람의 스펙이나 언변이 나보다 더 뛰어날 때에도 신경 쓰인다. 이러한 경우 나의 답변에 집중하기 힘들어지므로 면접 준비를 하는 동안만큼은 평소에 주변의 시선에 신경 쓰지 않는 연습을 해야 한다.

## (5) 나에 대한 이해가 부족하고 생각할 시간을 갖지 않는 것.

학교에 다니면서, 인생을 살면서 나에 대해서 생각해보는 시간이 필요하다. 나 스스로에 대해서 생각하는 것이 필요하다고 말해주는 사람이 없어도 스스로를 생각해보자. 꼭 답을 얻어야만, 결과가 바로 있어야만 의미 있는 것은 아니다. 면접을 통해서 자기 자신을 되돌아보는 시간을 가져라.

(6) 최소한의 노력으로 최대한의 효과를 거두려고 하는 것.

연습을 안 하고 실력이 늘어난다면 효율적인 것이 맞지만, 연습을 안 하고 서류통과를 했다는 것은 효율적이라고 할 수 없다. 취업은 상대평가이다. 효율성도 합격했을 때 의미가 있다. 면접 준비를 하면서 키워지는 말하기 능력은 평생 유용하다. 그러므로 면접 준비에 시간과 노력을 아끼지 말자. 필자도 면접 연습, 취업준비를 할 때에는 효율적인지 아닌지에 대해서 생각하지 않고 노력했다. 아니, 가능한 최선을 다하는 것, 낭비되는 시간 없이 취업하는 것이 가장 효율적이라고 생각했다.

A: 10시간 공부해서 100점
B: 100시간을 공부해서 100점
10시간 공부한 것이 점수 대비 효율성은 높다. 그러나 점수는 같을지라도 실력은 같지 않다. 100시간 공부해서 100점 맞은 사람의 실력이 훨씬 좋다.

(7) 말을 하는 도중에 답변이 잘되었는지를 생각하는 것.

자연스럽게 넘어가면 잘못 말한 것도 티가 안 난다. 전에 말했던 내용들에 신경 쓰지 말고 앞으로 말할 내용만 생각하

자. 답변하면서 했던 말이나 실수를 계속 생각하다 보면 오히려 생각의 흐름이 끊긴다. 자연스러움은 실수를 커버할 수 있다. 발표를 하면서 자연스럽게 하는 것은 엄청난 능력이다. 면접이 끝나고 여유가 생기면 면접에서 상황을 잊어버리지 말고 들었던 질문들을 기억해서 기록하고 다시 한번 대답해 보자. 그러면서 어떻게 대답하는 것이 더 좋았을지 생각해 보자. 면접 경험을 상기해 두자.

## (8) 답변 도중에 면접관에게 질문을 하는 것.

답변하는 과정에서 지원자가 면접관에게 질문하는 경우가 있다. 입사하게 되면 어떤 일을 하나요? 기업의 가치관과 저의 가치관이 맞나요? 저의 인상은 어떤가요? 등이 질문을 받으면 면접관은 황당하게 느낄 수 있고 면접 결과에 좋지 않은 영향을 줄 수 있다.

## (9) 나의 열정을 숨기거나 평범해 보이려고 하는 것.

면접에서 하는 자기소개는 일반적으로 사람을 만났을 때 하는 자기소개와 전혀 다르다. 나를 낮추고 상대방을 높이는 것을 미덕으로 생각하고, 내가 잘하는 것이 있어도 먼저 드러내지 않는 것을 겸손하다고 여긴다. 그러나 이런 생각이 우리의 취업을 힘들게 만들 수도 있다. 면접에서 본인의 강점을 자신 있게 말할 수 있는가? 말하기 고민되는가? 그렇다면 이것부터 고쳐야 한다.

이력서에 쓰여 있지만 기업에서는 내가 하는 말을 듣고 나를 판단한다. 경력들, 자격증들은 이력서를 읽어보면 알 수 있지만, 기업에서 원하는 것은 그게 아니다. 능력과 경험을 어필하길 바란다. 그렇지 않으면 면접관의 마음을 얻기가 어렵다. '나를 알아주겠지'라고 생각하고 있으면 그런 모습이 수동적이고 소극적으로 평가된다.

그렇기 때문에 지금부터라도 절대로 자소서와 면접에서 나를 낮추거나 평범해지려고 하지 말자. 너무 잘난 척을 하거나 면접관이나 주변 지원자를 무시하는 언행이 아니라면 자신의 장점을 당당하게 어필하자.


## (10) 은어, 신조어, 인터넷 용어, 줄임말 등을 습관처럼 사용하는 것.

용어의 차이는 의사소통을 방해한다. 신조어나 인터넷 용어, 줄임말 등을 모를 수 있는 면접관들을 배려하지 않는 언어를 사용하는 지원자와 그렇지 않은 지원자의 차이는 면접 결과로 나타난다. 줄임말이나 인터넷 용어를 많이 쓰게 되면 면접을 가볍게 생각하는 것처럼 느낄 수도 있다.

(11) 학연, 지연, 이름, 소속 등의 신상정보를 말하는 것.

면접관이 특정 학교, 지역을 싫어하거나 좋아하면 채용비리로 이어질 수가 있다. 면접관들은 그런 상황을 경계한다. 일정 비율 이상 지방대생을 채용해야 한다면 어필하지 않아도 면접이 끝난 후에 서류상으로 결정될 것이다.

(12) 면접에서 모든 내용을 말하려고 하는 것.

면접에서 하고 싶은 말을 전부 다할 수는 없다. 면접시간은 한정되어 있고 지원자는 많기 때문에 모든 지원자들에게 충분한 시간이 주어지지 않는다. 그 시간을 최대한 아끼는 것이 면접관의 역할이다. 그러므로 일부 지원자가 과도하게 시간을 오래 사용하거나 말을 많이 하면 면접관은 그만큼 부담을 느낀다.

면접관이 듣고 싶어 하는 말을 골라서 하자. 말을 많이 한다고 해서, 면접에서 좋은 결과를 얻을 수 있는 것이 아니다.

## 7

## 함정에서 우리를 구해줄 안내자의 지혜 12개

**함정에서 우리를 구해줄 12개의 지혜**

⑴ 면접 스터디를 하자.

⑵ 면접에서 당장 보여줄 수 있는 것들을 준비해라.

⑶ 면접의 분위기에 익숙해지자.

⑷ 면접 대본을 작성하였다면 소리 내어 읽어보자.

⑸ 세상은 나를 알아주지 않는다. 나의 가치를 알려야 한다.

⑹ 질문을 들으면서 답변의 방향을 빠르고 대략적으로 결정하자.

⑺ 회사와 부서의 장점만 보고 지원한 느낌을 주지 마라.

⑻ 절대로 면접관의 말을 끊으면 안 된다.

⑼ 너무 착한 모습만 보여주려고 하지 마라.

⑽ 문장 단위로 끊어서 말해라.

⑾ 첫 번째 답변을 하면서 나의 컨디션을 점검하자.

⑿ 면접관이 이력서를 읽고 있는 경우에는 답변을 하면서 키워드를 강조해라.

## (1) 면접 스터디를 하자.

면접 스터디에서 면접관의 역할을 하면서 상대 지원자의 역량과 인성을 추측해보자. 그리고 추측 결과에 대해 이유나 근거가 무엇인지 말해보자. 또 지원자 스스로 어떤 사람으로 보이고 싶어 했는지 생각해보고 상대방에게 물어보자. 보이고 싶었던 대로 보여졌는지 어떤 말로 답변하는 것이 호감이 가고 좋은 답변으로 느껴지는지 서로 역할을 바꿔가며 연습해보자. 면접은 되도록 다른 사람과 같이 준비해야 효과가 있다. 커뮤니케이션, 화합, 협동, 소통, 글로벌, 열린, 긍정적인, 적극적인, 적응 등의 인재상을 보면 알 수 있듯이 회사에서 업무는 항상 타인과 함께하게 된다.

또 혼자서만 면접을 준비하는 것은 한계가 있고 비효과적, 비효율적이다. 입사해서 업무를 처리할 때도 혼자서 해결하기 어렵듯이 면접 준비도 주변의 도움을 받아야 실력 향상이 된다.

## (2) 면접에서 당장 보여줄 수 있는 것들을 준비해라.

아르바이트를 했거나 봉사활동을 했으면 거기서 했던 것들에 대해서 말로 설명하는 것을 넘어서 실제로 했던 것을 보여주면 좋다. 외향적인 직무에 지원했거나, 조용한 성격으로 인해서 소심해 보이는 이미지라면 면접에서 자신감 있는 행동을 바로 보여줬을 때 좋은 평가를 받는다. 만약에 준비가 되지 않았다면 "그때 당시 정해진 멘트가 있었는데 정확히 기억은 안 나지만 상황을 생각하면서 해보겠습니다"라고 말하며 시간을 벌고 면접관이 아닌 가상의 인물과 재연을 하면 된다.

## (3) 면접의 분위기에 익숙해지자.

면접을 처음부터 잘하는 사람은 없다. 면접과 비슷한 분위기의 상황을 많이 접해보아야 할 수 있다. 우리가 외국인과 대화를 할 때 당황하는 이유는 부족한 영어실력보다, 외국인에 익숙하지 않기 때문이다. 영어를 못 알아들어서 당황하는 것은 아니다. 한국인이 영어로 말했을 때 못 알아들었다면 그렇게까지 당황하지는 않는다. 당황하는 이유는 그러한 분위기에 익숙하지 않기 때문이다. 내가 친구들 앞에서는 말을 잘하는데 어른들, 면접관 앞에서 말을 잘하지 못한다면 그것은 말을 못 하는 게 아니다. 상황과 분위기에 익숙하지 않은 것이다. 상황과 분위기에 많이 노출되어서 적응이 되면 그때부터 실력이 발휘된다. 남 앞에서 말하기 연습을 해야 한다.

## (4) 면접 대본을 작성하였다면 소리 내어 읽어보자.

면접 내용을 작성한 후에는 소리 내어 읽어봐야 한다.

동영상을 찍어서 보면 더 좋지만 카메라 앞에서 말하는 것이 어려울 경우 대본을 써서 소리 내어 읽어봐야 한다. 대본을 소리 내어 읽으면서 어색한 부분을 찾아보자. 듣는 것에 익숙해져 있기 때문에 눈으로 보는 것보다 빨리 정확하게 어색한 곳을 찾을 수 있다. 한번 읽었을 때 발견하지 못한 부분을 두 번, 세 번 읽으면서 발견할 수가 있으니 한 번으로 문제점을 발견하지 못했더라도 한, 두 번 더 소리 내어 읽어보는 것이 좋다.

## (5) 세상은 나를 알아주지 않는다. 나의 가치를 알려야 한다.

자신을 오픈해야 더 많은 관심을 받을 수 있다. 우리는 잘하는 사람도 좋아하지만 우리가 잘 아는 사람도 좋아한다.
세상은 나를 알아주지 않는다. 과연 나는 세상을 알까? 세상에 나를 어떻게 알리고 싶은가? 어떤 모습이고 싶은가? 알리기 위해서 행동하고 있는가? 뭘 할 수 있는지 생각해보자. 생각나지 않는다면, 하고 있지 않다면 그것은 내가 알리고 있지 않은 것이다. 뭘 했는가. 뭘 더 잘할 수 있는가.

## (6) 질문을 들으면서 답변의 방향을 빠르고 대략적으로 결정하자.

방향을 미리 생각해야 하는 질문들은 보통 한 질문에 답해야 할 것이 2~3개 있는 의문사가 없는 질문이다. 의문사가 없는 질문을 받으면 둘 다 정답이 될 수 있거나 둘 중에 나의 의견을 말하고 그에 대한 근거를 말할 경우에도 처음 답변을 시작할 때 결론에 대한 방향을 빨리 정해야 한다.

예를 들어서

> 면접관: "영어 성적이 낮네요?"
> 지원자: "네, 낮습니다. / 저는 영어성적은 낮지만~"

> 면접관: "다른 부서에 배치된다면 근무할 수 있나요?"
> 지원자: "할 수 있습니다. / 저는 적응력이 좋습니다."

> 면접관: "부서 선배가 부당한 일을 시킨다면 따르실 건가요?"
> 지원자: "따르겠습니다. / 그 이유는~"

> 면접관: "왜 우리 회사에 지원하였죠?"
> 지원자: "○○○의 비전 때문에 지원하였습니다."

> 면접관: "취업을 하기 위해서 무엇을 준비했나요?"
> 지원자: "해외 경험을 하였고 다양한 사람을 만나서 어울렸습니다."

의문사가 있는 질문은 이렇게 하나의 답변만 하면 되는 경우라면 말을 하면서 추가로 생각해도 된다.

## (7) 회사와 부서의 장점만 보고 지원한 느낌을 주지 마라.

회사의 장점뿐만 아니라 약점을 알고도 지원했음을 어필하고, 약점을 극복할 수 있는 자기만의 방안을 답변하자. 지원자 입장에서는 회사의 장점에 대해 잘 알고 좋게 말하면 높이 평가될 것이라고 생각이 들 수 있지만 취업은 실전이다. 인사담당자는 지금까지 여러 해 동안 신입사원을 뽑아왔다. 회사와 부서의 장점만 알고 들어왔다가 단점을 보고 퇴사하는 경우를 많이 봐왔기 때문에 단점을 알고도 지원하며 극복해낼 수 있는 사람을 채용하려 한다. 단점에 대한 개선책이 없더라도 단점까지 알고 있는 지원자를 뽑으려고 하기 때문에 단점에 대해서도 알고 가는 것이 필요하다. 장점만 보고 선택했다는 느낌을 주면 오히려 지원자의 동기를 의심받게 된다.

## (8) 절대로 면접관의 말을 끊으면 안 된다.

면접관의 말이 느리거나 답답할 수도 있다. 그래도 끝까지 기다려서 질문을 다 듣고 질문이 끝났다는 눈빛 교환을 한 후에 대답을 시작하자.

질문이 끝난 것인지 알기 힘들다면, 알았다는 느낌을 주듯이 천천히 고개를 한 번 끄덕여주면서 눈빛으로는 '알아들었는데 대답을 하면 될까요? 아니면 질문을 기다릴까요?' 정도를 표현하고 시작하면 된다.

비슷한 경우가 또 있는데, 면접관이 말을 하다가 중간에 시간을 끌거나 혼잣말을 하는 경우에도 질문을 도와주거나 중간에 치고 들어가지 말자. 필요하다면 다른 면접관이 말을 이어서 질문을 하거나, 시간을 조금 가진 후에 다시 질문할 수도 있기 때문에 여유 있게 기다려야 한다. 기다리기 힘들다면 고개를 천천히 끄덕여주며 '면접관님의 의도를 알겠습니다. 질문을 하시면 기다리고 질문이 끝나셨다면 답변하겠습니다. 그리고 방금 전에 말을 흐리셨지만 면접관님이 실수하신 거라고 생각하지 않습니다'의 눈빛을 보내면 된다. 그리고 3∼4초간의 시간이 흐른 뒤 살짝 미소를 지어주며 면접관이 마무리하지 않은 질문에 대해서 답변하면 된다. 3∼4초의 공백이면 면접관 나름대로는 질문을 마쳤다고 생각할 수도 있기 때문이다.

## (9) 너무 착한 모습만 보여주려고 하지 마라.

기본적으로 착하고 예의 바른 신입사원을 원한다. 그런데 너무 무르고 착하기만 하면 안 된다. 책임감을 갖고 일을 하려면 굳은 의지도 있어야 하고, 신입사원에게 바라는 열정과 패기도 있어야 한다. 특히 업무를 하다 보면 다른 팀과 회의를 하고 나보다 직책이 높은 사람과도 의견을 달리할 수 있고 우리 팀을 대표해서 발언을 해야 한다. 평소에는 착하고 회의 때는 자기 주관대로 발언할 수 있는 인재를 원한다.

## (10) 문장 단위로 끊어서 말해라.

문장을 말하는 도중에 멈추고 오랫동안 생각하지 말자. 차라리 생각을 해서 한 문장을 만든 후에 한 번에 말해라. 문장을 말하기 시작했으면 끝을 내고 다음 문장을 생각하자. 문장과 문장 사이에는 텀(Term)을 두는 것은 좋지만 문장을 말하는 도중에 멈추면 기다리는 면접관은 너무 답답하다.

## (11) 첫 번째 답변을 하면서 나의 컨디션을 점검하자.

노래를 할 때에 첫 음을 잡듯이 첫 답변을 해보자. 면접 답변을 할 때 처음부터 길게 답변하지 마라. 첫 번째 답변은 노래할 때 첫 음을 잡는다고 생각하면 좋다. 내용보다는 내 목소리가 큰지 빠른지, 톤이 적당한지, 자세와 표정은 괜찮은지를 점검하자.

(12) 면접관이 이력서를 읽고 있는 경우에는 답변을 하면서 키워드를 강조해라.

중요 키워드를 말하기 전에 잠깐 쉬어서 면접관들이 집중할 수 있게 된다. 집중하게 되면 그때 다시 답을 이어가라. 그러나 너무 길게 쉬면 면접관들이 이력서를 읽다가 고개를 들 수도 있다.

# 한 줄 노하우

(1) 지식과 내용으로 평가하는 부분이 많지 않다.

(2) 나에게 주어진 시간을 충분히 써라.

(3) 물어보는 것 외의 내용을 대답해도 된다.

(4) 추가 질문을 미리 걱정하지 마라.

(5) 정답을 찾지 마라.

(6) 준비된 답변 위주로 해라.

(7) 시간에 너무 신경 쓰지 마라.

(8) 업무에 관련해서까지 말을 하면 좋다.

(9) 질문과 다른 대답을 하고 있다는 것을 알았다면 중간에 정정해도 된다.

(10) 면접 대본을 작성하였다면 소리 내어 읽어보자.

(11) 면접 답변을 들으면서 삭제해도 말이 되는 부분은 최대한 삭제해라.

(12) 지원회사와 부서의 분위기나 인재상을 파악하자.

## 마치며

책을 읽느라 수고 많으셨습니다.

이제 면접에 대해서 확신과 자신감이 생겼지요? 책에 있는 방법을 기본으로 삼아 연습을 하면 면접 실력이 놀랄 만큼 향상되어 있을 겁니다.

면접에 관심이 많고 적극적으로 준비하는 지원자는 반드시 좋은 결과를 얻을 것입니다. 여러분은 이미 다른 지원자들보다 앞서 있는 것이고, 면접 책을 읽었다는 것은 취업준비를 어떻게 했는지에 대한 면접 질문에 답변할 수 있는 경험과 사례이기도 합니다.

저도 처음에는 면접이 부담스러웠는데, 면접에 대해 알고 나서는 자신감이 생겨 지금은 저의 큰 강점이 되었습니다.

어렸을 때는 남들 앞에서 말도 잘하지 못했는데
할 수 있다는 믿음으로 노력을 하였고, 이 책에 담겨져 있는
'면접을 잘하는 방법'을 발견하게 되었습니다. 그 방법으로
취업을 준비하여 제가 원하는 기업에 취업을 하게 되었고,
현재는 취업강사로 활동하고 있습니다.

10살의 나이에 처음 아르바이트를 시작하며 취업에 관심을
갖게 되었고, 주변에서 많은 분들이 지속적으로 응원과 조
언을 해주서서 좋고 의미 있는 책을 쓸 수 있었습니다.

앞으로도 계속 연구해서 취업을 준비하시는 분들에게 많은
도움을 줄 수 있는 책을 쓰고 싶습니다.
'면접! 이렇게만 준비해라'를 통해 꼭 합격하시기를 바랍니다.


전국의 지원자 여러분, 응원합니다.
파이팅!

## 박재훈

초등학교 3학년 때부터 아르바이트를 시작하여 건물철거, 정육점, 영어학원, 과외 등 다양한 일을 하였고, 대학생이 되면서 10년간 취업 멘토로 활동했다. 삼성중공업에서 관리업무와 장교로 복무하며 리더로서 인력관리의 경험을 쌓았다. 또 미국에서의 1년을 포함해, 해외 10개국을 여행하여 간단한 4개 국어를 할 수 있다.

현재는 작가와 취업강사로 고등학교와 대학교에서 취업 및 진학 강의를 하고 있다. 취업코칭 전문기업 (주)취업뽀개기에서 코치로 활동하며 취업과 진학을 위한 1:1 트레이닝, 학부모 상담을 진행하고 있다.

취업상담회와 취업설명회, 자기계발서 등의 경험과 자료를 통해 꾸준히 취업을 연구하고 직접 학생을 지도하며 효율적인 취업 방법을 정립 중이다.

**저서**

『취업! 이렇게만 준비해라』
『면접! 이렇게만 준비해라』

**이메일**

chuiup100@daum.net

**카카오플러스**

취업트레이너 박재훈

**면접!**
이렇게만
준비해라

초판인쇄   2019년 4월 1일
초판발행   2019년 4월 1일

지은이   박재훈
펴낸이   채종준
펴낸곳   한국학술정보㈜
주소   경기도 파주시 회동길 230(문발동)
전화   031) 908-3181(대표)
팩스   031) 908-3189
홈페이지   http://ebook.kstudy.com
전자우편   출판사업부   publish@kstudy.com
등록   제일산-115호(2000. 6. 19)

ISBN   978-89-268-8780-6   13330